Unwiderstehliches Marketing

Praxiserprobte, bewährte und effektive Strategien und Methoden für mehr Kunden und mehr Umsatz in 90 Tagen oder weniger.

Autor: Christopher Laub, MBA

Umschlaggestaltung, Illustration: Typometer

Verlag:

Christopher Laub, MBA

Summergasse 1A, A-3400 Klosterneuburg

ISBN: 978-3-9504845-0-2

Inhaltsverzeichnis

Kostenlose Ressourcen für Sie:

Auf **www.unwiderstehlichesmarketing.com/vip** können Sie kostenlos zusätzliche Materialien anfordern, die Ihnen helfen werden, die Ratschläge und Tipps in diesem Buch leichter und schneller umzusetzen:

- Eine genaue Anleitung, wie Sie Ihren USP finden, entwickeln und verfeinern können.

- Ideen für Ihren I2-Magneten

- Eine Checkliste, wie Sie in kontinuierlichem Kontakt mit Ihrer Zielgruppe und Ihren Kunden bleiben können.

- Tipps und Beispiele für Ihren Kundennewsletter.

EINLEITUNG

„Es gibt nur eine valide Definition des Unternehmenszwecks: einen Kunden zu gewinnen. [...] Daher hat jedes Unternehmen zwei – und nur zwei – Grundfunktionen: Marketing und Innovation."

Peter Drucker, US-Ökonom
(The Practice of Management, 1954)

Einleitung

Gratulation! Sie haben es gefunden: Das Buch, in dem Sie als Unternehmer, Selbständiger oder Freiberufler praxistaugliche, bewährte und effektive Strategien, Konzepte, Methoden finden, um endlich mehr Kunden zu gewinnen und mehr Umsatz zu generieren.

Hier bekommen Sie die Antwort auf die Frage, warum Sie trotz Ihres Einsatzes an Zeit, Energie und Geld bisher nicht die gewünschten Resultate einfahren konnten. Und Sie bekommen die Lösung für dieses Problem – eine Lösung, die nicht auf grauer Theorie beruht, sondern auf den Erfahrungen und Ergebnissen in der Praxis.

Wenn Sie dieses Buch zur Hand genommen haben, dann fallen Sie üblicherweise in eine von zwei Kategorien:

1. Sie wollen endlich den Erfolg, für den Sie schon länger hart arbeiten, der sich aber noch nicht eingestellt hat:

Sie haben sich bisher voller Energie hineingekniet, ein Business aufgebaut, Umsätze erwirtschaftet, einen gewissen Kundenstamm aufgebaut und wirtschaften zumindest mit Margen, von denen Sie – bei genügend Nachfrage – einigermaßen gut leben könnten, aber der Erfolg stellt sich nicht wirklich ein. Soll das tatsächlich schon alles sein?

Täglich laufen Sie im sprichwörtlichen Hamsterrad, immer schneller und schneller, aber irgendwie kommen Sie nicht vom Fleck. Der Wettbewerb mit der Konkurrenz um die Kunden/Klienten/ Patienten/Mandanten wird immer härter, die Rechnungen flattern stetig herein und Sie kämpfen Monat für Monat darum, genügend Profit zu machen, um für sich und

Ihre Lieben einen anständigen Lebensstandard zu schaffen und zu halten.

Was wurde aus Ihrem Traum von Unabhängigkeit und Erfolg als Unternehmer? Irgendwie hatten Sie sich das anders vorgestellt - mit mehr Geld, mehr Flexibilität, mehr Zeit für Familie, Freunde und Hobbys.

Mit Marketing und Werbung haben Sie es schon versucht, aber die Resultate waren nicht überwältigend. Mailings, Inserate, Facebook und anderes - alles probiert, aber ohne wirklich zufriedenstellende Ergebnisse.

Auch Ratschläge von Werbeagenturen, Beratern, sogenannten „Experten" haben Sie eingeholt, und jeder hatte seine Ideen und Rezepte - aber wenn sie wirklich funktioniert hätten, wären Sie jetzt nicht hier...

2. Sie sind bereits durchaus erfolgreich, haben aber das Gefühl, dass da noch mehr gehen muss - vor allem angesichts der Zeit und Energie, die Sie in Ihr Business investieren:

Ihre Arbeit, die Investitionen an Zeit und Energie haben sich bisher bereits bezahlt gemacht. Ihr Unternehmen steht gut da, es wirft genug Profit ab, um ganz gut davon leben zu können. Aber Sie fragen sich, ob da nicht noch mehr drin ist. Sie wollten eigentlich mit Ihrem Unternehmen einen bestimmten Level an Wohlstand und finanzieller Freiheit erlangen, von dem Sie aber noch deutlich entfernt sind. Und das wollen Sie jetzt ändern.

Sie wissen, dass Ihr Unternehmen noch einiges an Potenzial hat, um Ihnen die finanziellen Resultate zu bringen, die Sie anstreben. Und jetzt ist der Moment gekommen, wo Sie dieses

Potenzial ausschöpfen wollen – denn wir leben nicht ewig, und wenn nicht jetzt, wann dann?

Es wird Zeit, als Unternehmer den nächsten Level zu erreichen.

Egal, zu welcher der beiden Kategorien Sie gehören (oder auch zu einer anderen, falls Sie z. B. Ihr Unternehmen noch für den Verkauf in absehbarer Zeit im Wert steigern wollen) – Sie werden hier fündig werden.

Dieses Buch kann Ihr Leben als Unternehmer verändern – und nein, das ist keine Übertreibung.

Ich habe hier nach bestem Wissen und Gewissen für Sie die Grundlagen für effektives Marketing, das Ihnen mehr Kunden und mehr Umsatz bringen kann, zusammengestellt (und die ich selbst seit 2004 meinen Klienten beibringe und bei deren Umsetzung ich sie auch unterstütze).

Wenn es einen Markt für Ihr Angebot gibt, und man diesen Markt grundsätzlich profitabel erreichen und bewirtschaften kann, dann wird der Ansatz des Unwiderstehlichen Marketing für Sie funktionieren.

Unwiderstehliches Marketing ist nichts Neues. Die Grundsätze, wie effektives Marketing gelingt, existieren schon lange. Und sie gelten für Mailings, Inserate, Flyer, Folder, Social Media etc. gleichermaßen. Sie sind in der Praxis getestet und haben sich bewährt.

Ich habe nichts davon erfunden. Alles, was Sie hier entdecken, der Inhalt und Aufbau dieses Buches, sind Wissen und Know-How, das zahlreiche Experten aus den Bereichen des

Marketing, des Direktmarketing und des Direct-Response-Marketing in den vergangenen Jahrzehnten entdeckt, entwickelt und verfeinert haben.

Von Legenden wie Claude Hopkins in den 1920er Jahren über David Ogilvy (DER Werbe-Guru des 20. Jahrhunderts), Ted Nicholas und Gary Halbert bis hin zu noch lebenden Marketing-Größen wie Gary Bencivenga, Dan Kennedy, Bill Glazer, Jay Abraham, Brian Tracy, John Carlton, Seth Godin oder den Internet-Experten wie Russell Brunson, Ryan Deiss, Jeff Walker, Yanik Silver oder Neil Patel - ich habe von ihnen allen gelernt und „gestohlen"... So wie diese „Gurus" selbst auch voneinander lernen und abkupfern... Aber wie sagt mein Vorbild Dan Kennedy immer: *„Ich hatte in meinem ganzen Leben noch keinen einzigen originären Gedanken..."*.

Und diese gesammelten Informationen habe ich für Sie in diesem Buch zusammengefasst. Ich bin ähnlich dem Mathematik-Lehrer, der Ihnen den Pythagoräischen Lehrsatz zum ersten Mal erklärt hat - großartig, wichtig und immer richtig; aber eben nicht von mir. Und trotzdem für Sie ganz neu.

Hüten Sie sich generell vor allen „Experten", die behaupten, in Puncto Marketing etwas ganz Neues entwickelt zu haben. Die grundlegenden Prinzipien für effektives Marketing sind seit Langem bekannt und getestet und immer wieder bestätigt - auch heute noch. Genauso, wie Sie bei jemandem vorsichtig sein sollten, der behauptet, er produziere Antiquitäten, sollten Sie es auch bei allen Beratern etc. sein, die von sich sagen, sie hätten grundlegende Prinzipien neu entwickelt. Nuancen entdeckt vielleicht, aber neue Basics eher nicht.

Woher stammen die Strategien, Konzepte, Methoden und Ideen des Unwiderstehlichen Marketing?

Grundsätzlich stammen die Überlegungen aus der Erkenntnis, dass einige Annahmen über Erfolg im Geschäftsleben nicht zutreffen. Das ist enttäuschend und frustrierend, aber leider dennoch Realität.

Leider ist es so, dass...

- Sie das beste Produkt oder die großartigste Dienstleistung anbieten können, und trotzdem viel weniger verkaufen können als Ihr Mitbewerb.

- Sie ein Experte auf Ihrem Gebiet sein und viel mehr Wissen und Know-how als jeder Konkurrent haben können, und dennoch nichts verkaufen.

- Sie motiviert sein und täglich 16 Stunden arbeiten können, aber Sie Ihre Rechnungen nicht bezahlen können, weil kaum Umsatz hereinkommt.

- Sie der beste Verkäufer in der Branche sein können, doch Ihre Auftragsbücher können trotzdem leer bleiben.

- Sie ein Unternehmen haben, das von allen geschätzt und gelobt wird, jedoch der Umsatz ausbleiben kann.

Die traurige Wahrheit ist, dass das am Ende des Tages alles nichts zählt und dass Sie niemals wirklich finanziell erfolgreich und unabhängig sein können, wenn Sie nicht Wege kennen, auf leistbare, effiziente und zuverlässige Art und

Weise einen kontinuierlichen Strom an Interessenten und Käufern für Ihr Angebot zu generieren.

Das ist jetzt nichts grundlegend Neues für die meisten von uns, aber es ist eine unangenehme Wahrheit, die wir eigentlich lieber ausblenden. Die meisten meiner Klienten und der Großteil der Unternehmer und Selbstständigen, die ich kenne, arbeiten lieber an anderen Themen als an dem einen Faktor, der über Erfolg oder Misserfolg im Business entscheiden kann: Marketing.

Die meisten Frustrationen und Probleme im Geschäftsleben lassen sich darauf zurückführen, dass man zu wenig verkauft – es fehlt ein Marketing-System. Ein System, das zuverlässig und effektiv Interessenten und Kunden „zur Tür hereinbringt" und das mehr und öfter an bereits bestehende Kunden verkauft.

Mit diesem Buch können Sie das ändern.

Dieses Buch habe ich für all jene Unternehmer und Selbständigen geschrieben, die bereits Marketing und Werbung einsetzen, aber mit den Ergebnissen nicht zufrieden sind. Es ist für SIE geschrieben – egal ob Sie einen Laden, einen Schauraum oder eine Praxis mit Kundenverkehr haben oder ein Büro; egal, ob Sie Produkte anbieten, Dienstleistungen oder beides.

Die Grundprinzipien, die Sie hier kennenlernen, sind seit Jahrzehnten bekannt, einige sogar schon seit über 150 Jahren. Begonnen hat alles mit dem Versandhandel in den USA Mitte der 1800er Jahre. Diese Form des Handels entwickelte und entdeckte die Basics, die auch heute noch gelten – und zwar de facto in allen Branchen. Diese grundlegenden Strategien,

Konzepte und Methoden wurden und werden in aller Welt, im Dienstleistungssektor, im Handwerk, in allen Formen des Einzelhandels, in der Gastronomie, im B2B-Bereich etc. erfolgreich angewandt.

Egal, ob Sie in einer Großstadt oder in einem Dorf tätig sind - sie gelten auch für Sie. Ich habe diese Grundprinzipien auch in meiner Tätigkeit im Marketing in der pharmazeutischen Industrie in einem internationalen Konzern eingesetzt (anfangs zum Entsetzen meiner Vorgesetzten, denn das war so anders als das typische Image-Marketing), und auch dort haben sie funktioniert.
Der Wendepunkt in meiner Tätigkeit im Marketing und auch in den Unternehmen meiner Klienten war und ist einfach zu beschreiben: Der Erfolg kam und kommt mit der Abkehr von traditionellen „Image“ Marketing- und Werbemethoden hin zu den Strategien, Konzepten und Methoden des Direktmarketing und des Direct-Response-Marketing.

So können auch Sie aus einem „normalen“ oder „gewöhnlichen“ Unternehmen ein besonderes, herausragendes und profitables machen. Ich weiß, das klingt übertrieben - die Praxis beweist jedoch, dass es für nahezu jeden Unternehmer und Selbständigen möglich ist.

Und Sie werden sicherlich das ein oder andere bereits kennen. Aber vieles wird auch neu für Sie sein, manches werden Sie auch in einer ersten Reaktion eventuell zurückweisen, weil es intuitiv nicht richtig scheint. Aber seien Sie sich sicher: Alles, was Sie hier erfahren ist getestet und hat sich erfolgreich bewährt. Tausende Male, überall auf dieser Welt, bereits vor 50 Jahren und auch erst gestern wieder. Ich weiß, dass diese Strategien, Konzepte und Methoden derzeit in über 160

Branchen eingesetzt werden – und IHRE ist ganz sicher auch dabei.

Ich zeige Ihnen in diesem Buch, wie Sie ein Marketing-System auch für Ihr Unternehmen aufbauen können. Ein System, das Ihnen ein Leben als erfolgreicher, finanziell unabhängiger Unternehmer ermöglicht – ohne ständige Sorge, woher der nächste Kunde kommen soll. Ein System, das Ihnen einen kontinuierlichen Fluss an Interessenten und Kunden/Klienten/Patienten/Mandanten bringen kann – und zwar solchen, mit denen Sie auch wirklich ins Geschäft kommen wollen (Ihre Wunschkunden).

Sie benötigen dazu keinerlei Vorkenntnisse, keine spezielle Ausbildung und keine besonderen Fertigkeiten. Effektives Marketing kann man lernen – und ich zeige Ihnen in diesem Buch den Weg dorthin.

Sie werden in diesem Buch eines entdecken:

Ein komplettes System; ein Modell, das Sie anwenden können. Hier geht es nicht um einzelne Tricks oder irgendein neues Tool, das heute der „heiße Scheiß“ ist und morgen wieder in Vergessenheit geraten wird. Hier bekommen Sie ein Grundgerüst für alle Ihre Kommunikations- und Medienkanäle (egal ob Mailings, Zeitungsinserate oder Facebook-Ads), das Ihnen systematisch mehr Umsatz durch besseres Marketing bringen kann.

Ich habe dieses Buch bewusst möglichst kompakt gehalten. Einerseits soll es für Sie als Kompendium eine Einführung in das Unwiderstehliche Marketing bieten und Ihnen rasch die ersten erfolgreichen Anwendungen der Strategien, Konzepte und Methoden ermöglichen. Einen gesamthaften Überblick mit allen Tipps und Tricks, Erfahrungen und Möglichkeiten kann ich in nur einem Buch gar nicht unterbringen – das wäre dann ein mehrbändiges Nachschlagewerk.

Andererseits sind Sie als Unternehmer oder Selbständiger ohnehin zeitlich mehr als ausgelastet. Und die Wahrscheinlichkeit, dass Sie sich zu Beginn Ihrer Reise zu effektivem, profitablem Marketing ein eher schlankes Buch statt eines 500seitigen Wälzers zu Gemüte führen, ist deutlich höher. Nachdem der erste Schritt, das In-Bewegung-Kommen, der Wichtigste ist, möchte ich hier nicht zusätzlich eine unnötige Hürde aufstellen.

Ich möchte unbedingt, dass Sie diese Prinzipien kennenlernen, und da ist ein kompaktes Buch mit den wichtigsten Informationen für einen erfolgreichen Start besser als ein dickes, wo ich zwar Unmengen an Informationen – auch die, die Sie zu Beginn gar nicht benötigen - hineinpacke, das aber niemand liest.

Wenn Sie das Thema interessiert und Sie weitere, tiefer gehende und fortgeschrittene Strategien, Konzepte und Methoden kennenlernen wollen, dann biete ich Ihnen am Ende dieses Buches diesbezüglich ein paar Möglichkeiten, die Sie gerne in Anspruch nehmen können.

Doch bevor wir ans Eingemachte gehen, möchte ich mich kurz vorstellen:

Wer bin ich, und warum sollten Sie überhaupt auf mich hören?

Mein Name ist Christopher Laub (das wissen Sie ja bereits), und ich verhelfe seit 2004 kleinen und mittleren Unternehmen (KMU), Selbständigen und Freiberuflern zu mehr Kunden, mehr Umsatz und mehr Gewinn.

Meine Mission (*ja, ich sehe es als meine Mission*) ist es, Ihnen im Kampf gegen Großkonzerne, gegen ständig fallende Preise und schrumpfende Margen und gegen überbordende Konkurrenz zur Seite zu stehen. Ich zeige Ihnen Wege und Methoden, Strategien und Konzepte für Ihr Marketing, die sich bereits weltweit und seit Jahrzehnten in der Praxis bewährt haben. Ich unterstütze Sie auf Ihrem Weg zu mehr Erfolg im Geschäftsleben, mehr Unabhängigkeit und mehr Lebenszufriedenheit.

Doch wie kam es dazu? Ich erzähle Ihnen kurz meine Geschichte:

Im Jahr 1998 begann ich, als Produktmanager im Marketing eines großen, internationalen Konzerns zu arbeiten. Noch nicht ganz trocken hinter den Ohren und mit einer theoretischen Marketing-Ausbildung in der Tasche machte ich, was alle anderen Produktmanager in meiner Branche auch machten: Ich hörte auf die „Expertise“ von Werbeagenturen und tat, was ich in Lehrbüchern über Marketing und Werbung gelernt hatte. Und der Effekt? Nahezu null.

Nun war (und bin ich) ein Informationsjunkie und Problemlöser. Also machte ich mich auf die Suche nach Möglichkeiten und Wegen, um mehr Erfolg mit meinem

Marketing zu haben. Und so stieß ich im Laufe meiner Recherche auf ein Buch aus dem Jahr 1923 (!). Es stammt von einem Marketing- und Werbefachmann aus den USA, Claude C. Hopkins, und heißt „Scientific Advertising". Und dieses Buch veränderte mein Leben.

Nicht nur, dass es mir eine (für mich damals vollkommen neue) Art und Weise des Marketings näherbrachte, die auch tatsächlich funktionierte. Dieses Buch war der erste Schritt auf einer langen, bis heute andauernden Reise: nämlich effektive, erfolgreiche und in der Praxis bewährte Methoden für Marketing und Werbung zu finden.

Nach der Lektüre von „Scientific Advertising" begann ich, die darin enthaltenen Strategien und Konzepte umzusetzen, und siehe da – plötzlich funktionierte mein Marketing!

Ich lernte mehr und mehr, erprobte und testete immer wieder für mich vollkommen neue Methoden (die in Wahrheit schon Jahrzehnte lang erfolgreich in aller Welt angewandt wurden) und hatte immer mehr Erfolg.

Tausende und Abertausende Euros gab ich aus meiner eigenen Tasche für Bücher, Kurse, Seminare aus – und je mehr ich ausgab, je mehr ich lernte und anwendete, umso erfolgreicher wurden meine Marketing-Aktivitäten.

So ging das einige Jahre, bis im Jahr 2004 ein Lieferant von mir (der meinen wachsenden Erfolg über die Zeit beobachtet hatte) fragte, ob ich ihm nicht diese „Geheimnisse" auch für sein Unternehmen beibringen könnte. Der (Nebenerwerbs-) Marketing-Experte Christopher Laub war geboren...

Und ich erkannte, dass DAS meine wahre Berufung war. Ich stamme eigentlich aus einer Unternehmer-Familie. Meine Großeltern mütterlicherseits waren Landwirte, mein Großvater väterlicherseits besaß eine Gärtnerei. Und obwohl das Unternehmer-Gen meine Elterngeneration übersprungen hatte (beide waren erfolgreiche Angestellte, aber nie selbständig tätig), spürte ich immer den Drang in mir, mein eigenes Unternehmen aufzubauen.

Außerdem erkannte ich, dass ich große Leidenschaft und viel Freude entwickelte, wenn ich den „kleinen" Unternehmer in seinem täglichen Kampf gegen die Konzerne, Ketten und großen Internetunternehmen unterstützen konnte. *Ja, das Unternehmer-Gen...* Aus dieser Leidenschaft und Freude heraus entwickelte sich eine richtige Mission: Unternehmern, Selbständigen und Freiberuflern zu helfen, ihr Unternehmen erfolgreich auszubauen und ein selbstbestimmtes, finanziell unabhängiges Leben nach ihren Vorstellungen zu führen. Denn genau das wollte ich in Wahrheit auch immer für mich erreichen.

Im Laufe der Jahre kamen zu meinem ersten Klienten immer mehr aus den unterschiedlichsten Branchen dazu – Dienstleistung, Einzelhandel, Gastgewerbe etc. Ich begann Vorträge und Seminare zu halten und das Feedback der Teilnehmer war überwältigend.

Also beschloss ich, meine Nebenerwerbstätigkeit zu meiner Haupttätigkeit zu machen und mich nur noch voll auf meine Mission zu konzentrieren. Und ich habe nie mehr zurückgeblickt...

Nachdem meine Zeit begrenzt ist und die Nachfrage das Angebot deutlich überstieg, kam mir eines Tages die Idee, wie ich mein Wissen und mein Know-how einer größeren Zahl von Unternehmern zur Verfügung stellen konnte – und noch dazu zu einem Bruchteil meines Standard-Stundensatzes: Ich gründete mein „Insider Netzwerk".

Das Insider Netzwerk ist ein Ort für motivierte, ambitionierte, ehrgeizige Unternehmer, Selbständige oder Freiberufler, die ihr Business ausbauen möchten, mehr Profit erwirtschaften wollen, mehr Zeit für Familie, Freunde, Hobbys etc. suchen und vor allem ein finanziell abgesichertes, unabhängiges, freies Leben führen möchten. Durch das Insider Netzwerk erhalten die Mitglieder („Insider") laufend die neuesten Methoden, Strategien und Tipps und Tricks zu Marketing, Werbung, Zeitmanagement und Erfolg im Geschäftsleben. Und mein Ziel für das Insider Netzwerk war von Tag eins weg ganz klar: den Mitgliedern so viel an Informationen, Know-how und Tools zu bieten, dass deren Wert den Mitgliedsbeitrag um ein Vielfaches übersteigt.

Auf Anregung von Klienten und Insidern war nun der bisher letzte Schritt, mein Wissen, meine Erfahrung und mein Know-how in ein fix-fertiges, Schritt-für-Schritt aufgebautes und einfach umzusetzendes System zu packen – das neue Unwiderstehliche Marketing System.

Unwiderstehliches Marketing ist, wie der Name ja schon sagt, möglichst unwiderstehlich. Ihre idealen Kunden sollen dadurch angezogen werden wie die Motten vom Licht. Es ist die systematische Kombination aus Strategien, Konzepten und Methoden, die auch wirklich funktionieren. Die Elemente des Unwiderstehlichen Marketing haben sich in den vergangenen Jahrzehnten bereits in der Praxis in aller Herren Länder und in allen denkbaren Branchen als erfolgreich und effektiv bewährt.

Es ist das, was ich seit Jahren meinen Klienten persönlich beibringe – nunmehr endlich in ein kompaktes System zusammengefasst und mit zahlreichen Beispielen und Vorlagen ausgestattet. Sodass es einfach und mühelos von möglichst jedem Unternehmer, Selbständigen und Freiberufler auch für sein Unternehmen angepasst und angewandt werden kann.

In diesem Buch habe ich für Sie die Grundlagen des Unwiderstehlichen Marketing zusammengefasst. Sie können diese Informationen umgehend auch für Ihr Unternehmen – egal in welcher Branche und egal wo Sie tätig sind – adaptieren und einsetzen.

Noch ein Hinweis:
Dieses Buch richtet sich wie beschrieben an Unternehmer und Selbständige, die bereits Erfahrung besitzen und zuvor schon Marketing und Werbung eingesetzt haben. Warum betone ich das? Weil Marketing und Werbung – effektiv und „richtig" gemacht – die Investition von Zeit und Geld erfordern. Ich habe zu oft mit Gründern gesprochen, denen das so nicht bewusst war und die ursprünglich geglaubt haben, dass ein bisschen Werbung in den sozialen Medien samt Google Ads schon reichen werden...

Dieses Buch ist quasi „für Erwachsene". Ich bin keiner dieser Mittzwanziger ohne wirkliche unternehmerische Erfahrung, der eine „Social Media Agentur" gegründet hat und Ihnen erzählt, Facebook, Instagram oder was auch immer gerade hip ist, sei (gepaart mit einer Website und SEO & SEA) alles, was Sie brauchen, um erfolgreich zu sein. Diese Tools sind zwar, richtig eingesetzt, wirksam und sollten im Großteil der Fälle auch Teil Ihrer Gesamtstrategie sein, aber sich nur darauf zu verlassen, wird Sie nicht reich machen – im Gegenteil.

Wie Sie im weiteren Verlauf dieses Buches noch sehen werden, bin ich (aus Erfahrung) ein großer Befürworter der Kombination aus Offline- und Online-Medienkanälen, aber die Zahl der Unternehmen, die mit reinem Online-Marketing erfolgreich sind, kann ich an einer Hand abzählen (und da bleiben noch einige Finger übrig). Wussten Sie zum Beispiel, dass selbst Amazon und Google gute, alte Direct Mailings (ja, die per Post) einsetzen, um Kunden zu gewinnen?

Bitte behalten Sie daher bei der Lektüre dieses Buches immer im Hinterkopf, dass die hier vorgestellten Strategien und Methoden auch – und vor allem – für Ihre Mailings, Inserate, Postkarten, Flyer, Folder etc. gelten, nicht nur für Ihre Website oder Ihre Facebook Ads. Legen wir also los!

Kapitel 1

IRRTÜMER & FEHLER

„You cannot fail.
You can only get results."

Ted Nicholas
Direktmarketing-Legende
und Multiunternehmer

1. Irrtümer und Fehler

Was, wenn vieles anders wäre, als wir bisher geglaubt haben?

Einiges von dem, was wir bisher als richtig und wahr akzeptiert haben, stellt sich bei genauerer Betrachtung – vor allem, wenn wir uns die Lebensrealität vor Augen halten – als Irrtum heraus. Gerade in Bezug auf Unternehmertum und Erfolg im Geschäftsleben halten sich ein paar Missverständnisse besonders hartnäckig und sollten daher gleich zu Beginn unter die Lupe genommen werden.

Besser sein reicht?

Unser ganzes Leben lang wird uns entweder suggeriert oder explizit eingetrichtert, dass der Beste gewinnt. Harte Arbeit, gute Leistung und ein langer Atem („gut Ding braucht Weile“) sind notwendig, und dann werden wir es im Leben schon zu etwas bringen.

Und im Geschäftsleben läuft es angeblich ebenso: Ein überlegenes Produkt bzw. eine hervorragende Dienstleistung sind nötig, und dann wird sich der Erfolg einstellen. Und wenn wir nicht genug Umsatz bzw. Gewinn erwirtschaften, dann müssen wir unser Angebot so lange verbessern, bis die Kunden kommen. Besser, schneller, höher, weiter...

Ist Ihnen schon einmal aufgefallen, dass nicht unbedingt die Besten einer Branche auch diejenigen sind, die am meisten verdienen? Es ist nicht der handwerklich beste Tischler, der den meisten Umsatz macht. Es ist nicht der Versicherungsmakler mit den besten Verträgen oder dem umfassendsten Wissen, der die höchsten Provisionen verdient. Es ist nicht einmal der beste Zahnarzt, der die meisten Patienten hat.

Qualität ist wichtig, keine Frage. Ich bin ein vehementer Vertreter des Ansatzes, dass man eine wirklich gute Qualität anbieten und dafür den maximal erzielbaren Preis verlangen sollte. Kein Ramsch, keine miese Dienstleistung. Das rächt sich immer. Aber das beste Produkt oder die beste Dienstleistung nützen Ihnen nichts, wenn nicht Menschen mit Geld in der Hand zu Ihnen kommen, um zu kaufen. Dafür benötigen Sie: Marketing. Sie können kein Tierarzt sein, wenn nicht Menschen mit einem Hund, einer Katze etc. zu Ihnen in die Praxis kommen. Sie können kein Anwalt sein, wenn keine Menschen zu Ihnen kommen, um sich rechtsfreundlich vertreten zu lassen. Sie können kein Berater sein, wenn niemand zu Ihnen findet, um sich Ihr Wissen und Know-how zu holen.

Und in vielen Fällen können die Konsumenten Ihres Produktes und vor allem von Dienstleistungen gar nicht beurteilen, ob sie von Ihnen die beste Leistung erhalten haben, die sie für ihr Geld hätten bekommen können. Wissen Sie zum Beispiel wirklich, ob Ihre letzte Zahnfüllung qualitativ und handwerklich die beste war, die am Markt erhältlich ist? Können Sie tatsächlich beurteilen, ob Sie die beste Lebensversicherung abgeschlossen haben, die angeboten wird?

Was Sie benötigen, ist ein System, das Ihnen laufend und zuverlässig neue Interessenten und Kunden bringt und das

Ihnen dabei hilft, an Bestandskunden regelmäßig mehr und öfter zu verkaufen. Sie benötigen das „richtige“, also nachweislich effektives Marketing. Aber wie das gemacht wird, wird einem während der Berufsausbildung leider nicht beigebracht – der Fokus liegt immer nur auf der Qualität der Leistung (so wichtig diese auch ist!), aber niemals auf der richtigen Vermarktung. Eine Schande, aber so ist es leider. Das ist der Grund, warum so viele ehrliche, hart arbeitende und hervorragenden Wert bietende Unternehmer, Selbständige und Freiberufler nach Jahren des Kämpfens ihren Traum von Unabhängigkeit wieder aufgeben müssen. Niemand bringt ihnen bei, wie sie ihr Unternehmen, ihre Leistung effektiv und wirtschaftlich leistbar vermarkten.

Werben wie „die Großen“ funktioniert?

Und das führt zum zweiten Problem – wir müssen entweder selbst herausfinden, wie wir Interessenten und Kunden bekommen, oder wir müssen uns auf andere (vor allem Werbeagenturen) verlassen.

Im ersten Fall – wenn wir selbst herausfinden wollen, wie wir zu mehr Kunden und mehr Umsatz kommen können – begehen nahezu alle Unternehmer den gleichen Fehler: Sie sehen sich in der Branche um, schauen was alle anderen machen, und machen das dann auch. Großer Fehler. Denn einerseits machen es die anderen meistens falsch (wie viele dieser Unternehmen sind wirklich erfolgreich?) und andererseits führt es zu „Marketing-Inzest“. Jeder macht, was alle tun, und damit tun alle das Gleiche (unwirksame). Niemand hebt sich aus der Masse der Anbieter hervor, niemand hat einen Wettbewerbsvorteil und niemand ist wirklich erfolgreich. Echte Durchbrüche finden so nicht statt. Nicht für Ihre

Konkurrenz (zum Glück), aber auch nicht für Sie (DAS ist das Problem). Und bei den großen Unternehmen können Sie sich auch kaum etwas Sinnvolles abschauen. Außer Sie haben Millionen an Werbebudget, dann schon... Aber das Image-Marketing und die Image-Werbung, die die meisten Konzerne einsetzen, sind für KMU und Einzelkämpfer nicht leistbar und vor allem absolut ineffektiv.

Werbeagenturen haben unser Bestes im Sinn?

Im zweiten Fall - wir lassen uns beraten und helfen - haben wir ein noch größeres Problem. Denn die meisten Werbeagenturen (und dort landen wir im Endeffekt am häufigsten) haben leider eine ganz andere Agenda, als wir es haben. Sie wollen Preise gewinnen, durch ihre kreative Arbeit andere Unternehmen auf sich aufmerksam machen und als Kunden gewinnen, und vor allem mit Ihnen möglichst viel Geld verdienen.

Ihre Agenda in Bezug auf Marketing und Werbung lautet: Verkaufen.

Fällt Ihnen etwas auf?

Und so wird oftmals von Werbeagenturen Arbeit geleistet, die schön anzusehen, und unglaublich kreativ ist, aber leider nicht sehr effektiv. Bzw. ist sie derart gestaltet, dass man die Effektivität nicht direkt und unmittelbar bewerten und beurteilen kann (warum wohl?).

Ja, es gibt wohltuende Ausnahmen - aber die sind eben Ausnahmen. Aus meiner eigenen Erfahrung von 20 Jahren Konzern-Marketing und jener meiner Klienten muss ich jedoch leider sagen, dass Werbeagenturen die Agenda von Unternehmern und Selbständigen zum Großteil eben leider nicht teilen.

Wir müssen einfach härter arbeiten?

Der letzte Irrtum, dem wir erliegen, ist, dass es darum geht, einfach härter und mehr zu arbeiten. So richtig hineinknien müssen wir uns, dann klappt das schon mit dem Unternehmertum oder der Selbständigkeit.

NEIN, halt. Nicht härter arbeiten, sondern smarter müssen wir arbeiten. Arbeite AN deinem Business, nicht IN deinem Business. Hirn statt Muskel - das zählt. SO werden wir erfolgreich.

STOPP! Nein, nein - BEIDES müssen wir tun. Wir müssen unsere Zeit aufteilen, am besten tageweise. Zum Beispiel Montag, Mittwoch und Freitag arbeiten wir IM Business, Dienstag und Donnerstag AM Business. Genau, SO funktioniert es aber wirklich...

Diese drei Ansätze finden sich abwechselnd in nahezu allen Fach- und Sachbüchern, die ich zum Thema gelesen habe (und das waren wirklich viele).

Aber so richtig jeder dieser Ansätze in verschiedenen Situationen, für verschiedene Menschen zu verschiedenen Zeiten auch sein mag - keiner dieser drei Wege alleine erhöht Ihre Chancen auf Erfolg in der Praxis tatsächlich.
Was Ihre Chance auf Erfolg jedoch dramatisch erhöht, ist, ein SYSTEM zu haben. Ein System, das Sie einmal aufsetzen, durch Testen und Adaptierung optimieren und das Ihnen danach

zuverlässig und vorhersagbar Ergebnisse - Interessenten, Kunden, Umsätze - liefert. Ein Marketing-SYSTEM.
DAS muss unser Ziel sein.

Die 8 häufigsten Fehler im Marketing

Doch bevor wir uns damit beschäftigen, was wir tun können und sollten, um ein solches Marketing-System einzurichten und zu gestalten, müssen wir uns ansehen, warum Marketing bei den meisten Unternehmen, Selbständigen und Freiberuflern nicht wie gewünscht funktioniert.
Welche Fehler werden immer und immer wieder (auch von den vorher besprochenen Werbeagenturen) gemacht? Vor welchen Fehlern müssen wir uns hüten?

1. Falsche Zielgruppe

Einer der häufigsten Fehler im Marketing von KMU, Selbständigen und Freiberuflern ist die falsche Zielgruppen-Auswahl. Oft wird viel zu wenig (bis gar nicht) überlegt, wen man denn eigentlich ansprechen möchte bzw. sollte. Wer sind eigentlich meine idealen Kunden? Wer braucht meine Produkte oder Dienstleistungen am ehesten, wer ist am wenigsten preissensibel, welcher Kunde hat für mich den höchsten Wert in Bezug auf Profit über die gesamte Kundenbeziehungsdauer?

Kenne ich diese Menschen überhaupt - und wenn ja, wie gut? Sind es hauptsächlich Männer oder Frauen? Wie alt sind sie? Welche Ausbildung haben sie? Wo wohnen sie? Fragen über Fragen, die jeder Unternehmer und Selbständige beantworten können muss, wenn er das Maximum aus seinem Marketing herausholen will.

Ein anderes Problem, dem wir in diesen Zeiten als Geschäftstreibende gegenüberstehen, ist Folgendes:
Laut dem Branchenmagazin *Absatzwirtschaft* wird der durchschnittliche Konsument heute bereits mit etwa 10.000 Werbebotschaften pro Tag konfrontiert. Von TV, Radio, Zeitung, Plakatwerbung und Internet und Social Media über Produktverpackungen oder Werbeartikel bis hin zu KFZ-Beschriftungen - überall begegnet uns Werbung, und sie wird immer mehr.

Darum ist es essenziell, dass Ihre Marketing-Botschaft auch tatsächlich in diesem unüberschaubaren Gewirr zu Ihren idealen Empfängern durchdringt. Sie muss direkt zu Ihrer Zielgruppe gelangen, von dieser wahrgenommen werden und benötigt unbedingt einen ansprechenden, überzeugenden, unwiderstehlichen Inhalt, maßgeschneidert für genau diese Zielgruppe.

Dazu müssen Sie aber auch die geeigneten Personen ins Visier nehmen.

Selbst die beste, überzeugendste, unwiderstehlichste Marketing-Botschaft wird wirkungslos verpuffen, wenn sie den falschen Personen kommuniziert wird. So wie die Tampon-Werbung abends im Fernsehen für mind. 50 % der Zuseher (alle Männer, Frauen nach der Menopause, etc.) vollkommen irrelevant ist... Das nennt man dann „Streuverlust" in Massenmedien. Und der kommt Sie als Unternehmer teuer zu stehen. Denn Sie zahlen immer für das gesamte Publikum eines Mediums, egal für wie viele Prozent davon Ihre Botschaft irrelevant ist.

Im weiteren Verlauf dieses Buchs werden wir uns noch genauer damit beschäftigen, wie Sie Ihre idealen Kunden definieren und so ein ganz wesentliches Element zur Kundengewinnung und Umsatzsteigerung richtig und effektiv ausgestalten können.

2. Falsche Botschaft

Auch bei der Marketing-Botschaft, die kommuniziert wird, werden häufig gravierende Fehler begangen. Sie müssen Ihre Message nicht nur den richtigen Personen zukommen lassen, Sie müssen auch das Richtige zu diesen Personen sagen. Ihre Botschaft muss auf Ihre Zielgruppe abgestimmt sein – je exakter, umso besser.

Sie müssen Ihre Probleme, Ängste, Sorgen und auch Bedürfnisse, Wünsche und Begierden ansprechen. Wenn ich zum Beispiel als KFZ-Händler weiß, dass meine idealen Kunden für ein schnittiges Cabrio Männer zwischen 40 und 50 sind, die gerade in der Midlife-Crisis stecken und ihren „Marktwert" nach einer Scheidung durch dieses Auto erhöhen wollen, dann sollte ich ihnen vom atemberaubenden Design, von der Spitzengeschwindigkeit, von der Leistung etc. erzählen und in der Bewerbung Männer um die 45 mit jüngeren Damen zeigen.

Das ist in diesem Fall garantiert sinnvoller als die Laufruhe des Motors, den vergleichsweise größeren Kofferraum gegenüber dem Modell des Mitbewerbs oder die Alu-Karosserie in den Vordergrund zu stellen und in Inseraten oder Foldern ein glückliches Ehepaar Mitte 40 in den Sonnenuntergang fahren zu lassen.

Die Abstimmung von Zielgruppe und Botschaft ist essenziell und auch damit werden wir uns noch ausführlich auseinandersetzen.

3. Falsche Medienkanäle

Doch selbst wenn ein Unternehmer Zielgruppe und Botschaft ideal aufeinander abgestimmt hat, kann er dennoch keinen einzigen Cent an Umsatz machen, wenn er die falschen Medien verwendet.

Jetzt sind Medienkanäle (Mailings, Inserate, Suchmaschinen-Marketing, Social Media etc.) per se nicht gut oder schlecht, aber Ihre Zielgruppe sollte sie auch konsumieren.

Eine Instagram-Kampagne für die oben angesprochenen Männer zwischen 40 und 50 wird kaum erfolgreich sein, weil diese Menschen diesen Medienkanal vergleichsweise wenig nutzen. Ein Inserat in einem typischen Männer-Magazin für Motorräder, Angelsport oder Fitness wird hier viel erfolgversprechender sein – egal, ob Ihr Angebot etwas mit Motorrädern, Angelsport oder Fitness zu tun hat. Hauptsache, Sie erreichen damit Ihre Zielgruppe effektiv und zuverlässig.

Je genauer Ihre gewählten Medienkanäle auf Ihre Zielgruppe zugeschnitten sind, umso geringer sind Ihre Streuverluste – also jene Menschen, für deren Aufmerksamkeit Sie zahlen, die aber keinerlei Interesse oder Bedarf an Ihrem Angebot haben (können).

Über die richtige Auswahl der Medienkanäle für Ihre Zielgruppe werden Sie noch später im Buch umfangreiche Informationen bekommen.

4. Falsche Gestaltung

Dieser Punkt wird in so vielen, eigentlich den meisten, Fällen vernachlässigt - auch oder gerade von Werbeagenturen und anderen „Profis“.

Wie bereits erwähnt, werden wir heute mit ca. 10.000 Marketing-Botschaften pro Tag bombardiert. Daher müssen wir unser Marketing auffällig und interessant gestalten, um überhaupt von unserer idealen Zielgruppe wahrgenommen zu werden. Wenn uns das nicht gelingt, dann ist es so, als hätten wir überhaupt niemals kommuniziert. Darum ist der größte Fehler im Marketing, langweilig zu sein. Wer langweilig ist, fällt nicht auf. Wer langweilig ist, dringt nicht mit seiner Botschaft durch.

Und auch wenn wir erst einmal bemerkt wurden, dann trägt die Gestaltung dramatisch dazu bei, wie groß der Erfolg unserer Botschaft ist und wie viele Menschen auch tatsächlich unser Angebot in Anspruch nehmen. Viele psychologische Faktoren können durch die Gestaltung unserer Botschaften genutzt werden und so unsere Chancen auf Erfolg deutlich erhöhen.

In meinen Seminaren verwende ich einen bedeutenden Teil der Zeit darauf, die zahlreichen Möglichkeiten der effektiveren Gestaltung von Marketing-Botschaften in den verschiedenen Instrumenten wie Inseraten, Mailings, etc. zu besprechen. Sie werden in weiterer Folge einige effektive Elemente der Gestaltung kennenlernen, die Ihre Erfolgssausichten drastisch steigern können.

5. Imagemarketing und -werbung

Eine weitere Folge des Kopierens der Werbung großer Unternehmen bzw. anderer Unternehmen der eigenen Branche ist, dass zumeist sogenanntes „Imagemarketing" von KMU und Selbstständigen eingesetzt wird. Dieses Imagemarketing wird zu 99 % auch von Werbeagenturen vorgeschlagen und beruht auf der Prämisse, dass man nur seinen Namen und seine Werbebotschaft oft genug sichtbar machen muss, und dann würden die Kunden irgendwann – sobald sie einen Bedarf für das eigene Angebot haben – schon zu einem finden. Dieser Ansatz ist für Unternehmer und Selbstständige absolut fatal, denn für Imagemarketing benötigen Sie so tiefe Taschen wie Coca-Cola oder ähnliche internationale Konzernriesen.

Die einzige Form des Marketing, die für KMU und Selbstständige tatsächlich geeignet ist, ist das Direktmarketing bzw. das Direct-Response-Marketing. Die Grundsätze dieser Marketingformen werden wir in weiterer Folge in Kapitel 2 noch ausführlich behandeln – die zugrunde liegende Idee dahinter ist es, dass Sie Ihr Marketing messbar, kontrollierbar und nachvollziehbar gestalten, sodass Sie jederzeit wissen, ob und wie viel Return-On-Investment eine Marketingkampagne bewirkt hat.

Nur so können Sie mit Bestimmtheit sagen, ob ihr Marketing oder ihre Werbung funktionieren und Sie sie beibehalten können oder ob Sie sie verbessern müssen, da sie nicht oder nicht ausreichend effektiv Interessenten und Kunden für Ihr Unternehmen anziehen. Als Unternehmer oder Selbstständiger müssen Sie in der Lage sein, nachvollziehen zu können, wie viele Euros jeder in Ihr Marketing investierte Euro wieder an Umsatz bzw. Profit hereinbringt. Und das können Sie niemals mit Imagemarketing, sondern ausschließlich mit Marketing,

das nach den Prinzipien des Direktmarketing bzw. des Direct-Response-Marketing aufgebaut und gestaltet ist.
Die Erfahrungen mit Imagemarketing sind auch einer der Gründe, warum so viele Unternehmer und Selbständige - vor allem wenn der Umsatz mau ist - nicht verstärkt in ihr Marketing investieren. Gerade in wirtschaftlich flauen Zeiten denken viele *„Ich kann jetzt nicht 2.000,- Euro für Marketing ausgeben."*

Wie anders ist die Situation, wenn Sie denken *„Ich investiere jetzt 2.000,- Euro in mein Marketing, weil ich aus der Vergangenheit weiß, dass ich dann innerhalb von vier Wochen 4.000,- Euro an Profit wieder hereinbekomme."*

Genau das muss unser Ziel sein: Aus Marketing-Kosten müssen Marketing-Investitionen mit einem möglichst abschätzbaren Return-On-Investment werden.

6. Push-Marketing statt Pull-Marketing

Sie werden die Begriffe Push-Marketing und Pull-Marketing wahrscheinlich schon kennen. Beim Push-Marketing laufen Sie, bildlich gesprochen, den Menschen hinterher und versuchen, Sie davon zu überzeugen, Ihr Produkt oder Ihr Service zu kaufen. Das Problem dabei ist, dass niemand (auch Sie und ich nicht) diesen Prozess mag - weder als verfolgendes Unternehmen noch als verfolgter Konsument.

Zudem ist diese Form des Marketing ineffizient, und zu einem großen Teil verschwenden Sie damit Ihre Zeit und vor allem Ihr Geld. Beim Pull-Marketing vermitteln wir unserer Zielgruppe das Gefühl, von ihr entdeckt zu werden. Die Menschen empfinden, aus freien Stücken und auf eigene Initiative mit uns in Kontakt zu treten und sich über unser Angebot zu informieren. Dieser Prozess ist nicht nur deutlich angenehmer für beide Seiten, sondern auch dramatisch effektiver.

Ein wesentlicher Faktor beim Pull-Marketing ist es, unverbindlich und ohne Druck Informationen zu einem bestimmten Thema bzw. unserem Angebot zur Verfügung zu stellen und nicht sofort zu versuchen, etwas zu verkaufen. Pull-Marketing beinhaltet – und dazu kommen wir gleich weiter unten – vor allem auch die Begleitung von interessierten aber noch nicht kaufbereiten Personen durch den Kaufprozess bis hin zur Kaufentscheidung.

7. Keine Interessenten-Identifikation (I2)

In diesem Zusammenhang steht auch gleich ein weiterer schwerwiegender Fehler vieler Unternehmer und Selbstständiger bei ihrem Marketing: nur unmittelbar auf einen Kauf abzuzielen. Von allen Personen, die grundsätzlich zu Ihrer Zielgruppe gehören und die prinzipiell Bedarf an ihrem Angebot haben, ist immer nur der kleinste Teil auch tatsächlich im Moment bereit, eine Kaufentscheidung in der Kategorie Ihres Angebotes zu treffen.

Mit „in der Kategorie Ihres Angebotes" meine ich, dass z. B. jemand, der ein Bild aufhängen möchte und Sie Bohrer anbieten, nicht zwangsweise zu einem Bohrer greifen muss, um sein Problem zu lösen. Nägel, Montagekleber, Montageklebebänder oder Powerstrips sind ebenfalls Alternativen, und Ihr konkretes Kauf-Angebot für Bohrer wird nur für jene Menschen genau jetzt interessant sein, die sich bereits für einen Bohrer entschieden haben und auch tatsächlich jetzt einen kaufen wollen.

Der weitaus größere Teil ihrer Zielgruppe jedoch teilt sich in drei große Segmente:
A: Personen mit Bedarf und der Bereitschaft, in naher Zukunft - aber noch nicht jetzt - eine Problemlösung Ihrer Kategorie zu kaufen.

B: Personen mit Bedarf, die sich noch näher oder intensiver informieren wollen, bevor sie eine Entscheidung treffen (z. B. verschiedene Optionen zur Problemlösung recherchieren). Sie sind aber grundsätzlich interessiert.

C: Personen mit Bedarf, die aber noch gar nicht wissen, dass sie ihn haben bzw. jene, die glauben, dass es keine Lösung für ihr Problem gibt - die sogenannten „Unwissenden".

Und die Segmente A, B und C sind DRAMATISCH größer als jenes der akut kaufbereiten Zielgruppe. Die Zahlen variieren natürlich von Fall zu Fall, aber über den Daumen sieht die Verteilung generell etwa so aus:

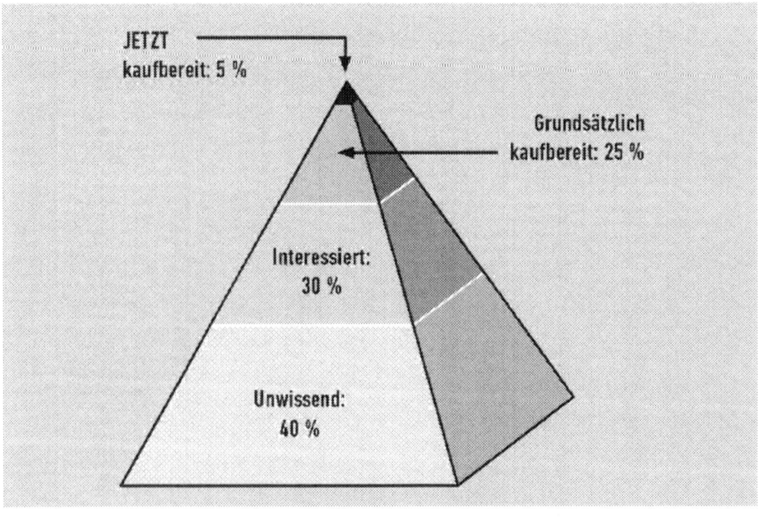

Egal, wie die genauen Prozentsätze in Ihrem konkreten Fall auch aussehen, die Verteilung zwischen jetzt kaufbereiten und allen anderen Personen ist grundsätzlich in dieser Größenordnung anzutreffen.

Wenn Sie sich nun mit Ihren Marketing-Botschaften auf den unmittelbaren Verkauf konzentrieren, lassen Sie 90 - 95 % aller Personen in ihrer Zielgruppe außer Acht. Daher ist es unbedingt notwendig, neben Ihren Marketing-Aktivitäten zum direkten Verkauf laufend auch die restlichen Personen innerhalb ihrer Zielgruppe mittels Pull-Marketing anzusprechen, um Interessenten zu identifizieren und mit diesen in Kontakt zu treten.

Das Ziel ist es, eine Beziehung aufzubauen und diese Interessenten mittels diverser Marketing-Aktivitäten und Taktiken während des Kaufprozesses bis zur Entscheidung zu begleiten. Und Sie werden gleichzeitig Ihr Unternehmen und Ihr Angebot als bevorzugte Lösung positionieren. Am Ende des Kaufprozesses soll die Entscheidung des Interessenten, bei Ihnen zu kaufen und alle anderen Optionen außer Acht zu lassen, stehen. Dies ist eine bewährte und effektive, aber leider viel zu selten eingesetzte Vorgehensweise, um die Zahl der Neukunden mittelfristig deutlich zu steigern.

Die Interessenten-Identifikation (I2) ist ein wesentlicher Bestandteil im Marketing für alle Branchen, aber besonders im Dienstleistungssektor und im Handwerk eine Geheimwaffe der erfolgreichsten Anbieter. Im Kapitel 4 werden wir uns ausführlich und detailliert diesem essenziellen Thema widmen.

8. Einmal-Aktionen statt mehrstufige Kampagnen

Zu guter Letzt kommen wir zum wohl am häufigsten anzutreffenden Fehler, den Unternehmer und Selbstständige in Ihrem Marketing machen: Einmal-Aktionen durchzuführen anstatt mehrstufiger Kampagnen. Laut Literatur müssen wir im Schnitt durch alle Branchen etwa 5 bis 7 Mal nach einem Verkaufsgespräch nachfassen, um einen Abschluss zu erreichen.

Egal, wie die Zahlen konkret bei Ihnen aussehen, bei Ihren Marketing-Aktionen wird nur der geringste Teil der Interessenten bzw. potenziellen Kunden nach nur einem Kontakt kaufen. Sei es aus mangelndem Vertrauen, aus fehlender Zeit zum Zeitpunkt des Kontaktes mit Ihrer Marketing-Botschaft, wegen „Aufschieberitis" bei einer unangenehmen Kaufentscheidung oder aus ähnlichen Gründen. Daher muss JEDE Marketing-Aktion mehrere Schritte (heute sagen wir so schön „Touch Points") beinhalten. 1x-Aktionen haben noch nie effektiv funktioniert, sie tun es jetzt nicht und sie werden es auch in Zukunft nicht tun.

Egal ob TV-Spot, Facebook-Ad, Direct Mailing oder Inserat in einer Zeitschrift – planen Sie alle Ihre Marketing-Aktivitäten als mehrstufige Kampagnen, am besten über mehrere Medienkanäle und in Kombination von Online- und Offline-Medien. In den folgenden Kapiteln werden Sie noch mehr dazu erfahren.

Kapitel 2

UNWIDERSTEHLICHES MARKETING

„Menschen kaufen keine Produkte oder Dienstleistungen. Sie kaufen Beziehungen, Geschichten und Magie."

Seth Godin
Marketing-Experte, Autor, Unternehmer

2. Unwiderstehliches Marketing

Gut, nun haben wir die größten und häufigsten Fehler betrachtet, die Unternehmer und Selbständige in ihrem Marketing begehen. Aber wie sieht die Lösung aus?

Die Antwort findet sich in einigen Grundprinzipien, Strategien und Methoden, die sich seit über 150 Jahren als effektiv erwiesen haben und stetig weiterentwickelt wurden und auch heute noch werden. Diese „Basics" sind quer durch alle Branchen getestet und haben sich dort bewährt, und zwar weltweit und über alle Medienkanäle hinweg. Egal ob Dienstleister, Einzelhandel, Gastronomie etc. - diese Strategien, Konzepte, Methoden und Tools werden auch das Marketing IHRES Unternehmens dramatisch verbessern und Ihnen die gewünschten Ergebnisse - mehr Kunden und mehr Umsatz - bescheren.

Ich habe erstmals im deutschsprachigen Raum diese Basics in einem System, dem „Unwiderstehlichen Marketing System", zusammengefasst, und seit 2004 helfe ich damit KMU und Selbständigen damit, Ihre Ziele im Business zu erreichen. Es ist also kein Humbug, keine Abzocke und kein Hype, sondern von mir seit 15 Jahren in der Praxis erprobt. Und es funktioniert. *Logisch, sonst würde ich es ja nicht seit 15 Jahren einsetzen und meinen Klienten beibringen...*

Hier nur ein kleiner Auszug aller Branchen und Bereiche, in denen die Prinzipien, Strategien und Methoden des Unwiderstehlichen Marketing bereits erfolgreich angewandt wurden:

Restaurants
Hotellerie
Finanzberater
Versicherungsmakler
Immobilienmakler
Arztpraxen
Möbelstudios
DJs
Zahnarztpraxen
Kfz Handel
IT Services
Friseursalons
Personal Trainer
Fitnessstudios
Rechtsanwälte
Masseure
Coaches
Einzelhandel jeder Art
Physiotherapeuten
Tierarztpraxen
Handwerker aller Branchen
Zauberkünstler
Steuerberater
Bars

und viele mehr.

Sehen wir uns nun die Grundprinzipien des Unwiderstehlichen Marketing an und welche Strategien, Methoden und Konzepte auch Sie für Ihr Unternehmen einsetzen sollten, um Ihr Marketing maximal effektiv zu gestalten (oder gestalten zu lassen, falls Sie mit Werbeagenturen etc. zusammenarbeiten).

Der Wert eines Kunden – den Kundenbeziehungswert ermitteln

Ganz zu Beginn, als erstes und wesentlichstes Grundprinzip des Unwiderstehlichen Marketing, steht die Betrachtung des

Wertes eines Kunden für Sie - nicht nur beim ersten Kauf, sondern während der gesamten Dauer der Kundenbeziehung.

Grundsätzlich setzt sich der durchschnittliche Wert eines Kunden aus folgenden Faktoren zusammen:

Durchschnittlicher Wert pro Transaktion x durchschnittliche Anzahl der Transaktionen pro Jahr x durchschnittliche Dauer der Kundenbeziehung in Jahren = durchschnittlicher Kundenbeziehungswert

Zusätzlich könnte man noch Weiterempfehlungen in die Berechnung des Kundenbeziehungswerts mitaufnehmen, aber für unsere Zwecke reicht es, die vereinfachte Betrachtung zu verwenden.

Wichtig ist hierbei, dass Sie tatsächlich den durchschnittlichen Wert aller Ihrer Kunden ermitteln, nicht nur Ihrer besten, liebsten oder Wunschkunden. Wir müssen konservativ rechnen, und dazu benötigen wir alle Kunden für unsere Kalkulation - auch die Einmal-Kunden, auch die Fälle, wo wir im Endeffekt durch Reklamationen vielleicht sogar draufgezahlt haben, etc.

Wenn Sie Ihre Kundendatenbank bzw. Ihre Rechnungen der vergangenen Jahre durchforsten, dann können Sie diese Werte ermitteln. Und das ist ungemein wichtig für unser gesamtes Marketing.

Denn damit haben wir 3 Schrauben, an denen wir - abgesehen von der Neukundenakquisition - systematisch drehen können, um unsere Umsätze und unseren Profit zu erhöhen. Und da es immer deutlich einfacher und günstiger ist, an bereits bestehenden Kunden zu verkaufen, anstatt neue Kunden zu gewinnen, haben wir hier schon einmal ein großartiges Potenzial für Wachstum in unserem Unternehmen.

INC Magazine berichtet, dass es (basierend auf Daten der Harvard Business Review, der Boston Consulting Group und anderen) in den USA im Durchschnitt 5 Mal so viel kostet, einen Neukunden zu gewinnen als an Bestandskunden zu verkaufen. Zusätzlich gibt der Bestandskunde bei einem Folgekauf im Schnitt 20 % mehr aus als ein Neukunde bei der Initialtransaktion.

Aber wir haben durch diese Formel zusätzlich noch eine ganz wesentliche Information: Nämlich, wie viel wir zur Gewinnung eines neuen Kunden ausgeben können, um zumindest eine schwarze Null zu schreiben.

Nehmen wir folgendes Beispiel:
Sie durchforsten Ihre Aufzeichnungen und berechnen, dass Ihr durchschnittlicher Kunde dreimal pro Jahr bei Ihnen kauft und Ihnen dabei pro Kauf etwa 30,- Euro Profit bleiben. Ebenso können Sie aus Ihren Aufzeichnungen erkennen, dass ein Kunde im Schnitt 3 Jahre bei Ihnen Kunde bleibt und danach inaktiv wird. Das bedeutet einen durchschnittlichen Kundenbeziehungswert von 30,- Euro mal 3 Käufe pro Jahr mal 3 Jahre = 270,- Euro. Sie wollen vorsichtig sein und konservativ rechnen, und runden den Betrag auf 250,- Euro ab.

Damit wissen Sie, dass Sie bis zu 90,- Euro zur Kundengewinnung pro Kunde ausgeben können und im ersten Jahr damit im Durchschnitt eine schwarze Null mit einem Neukunden schreiben werden. Und danach kommen Sie in die Gewinnzone.

Ihr Mitbewerber rechnet anders: Er weiß lediglich, dass der durchschnittliche Kunde etwa 30,- Euro Profit beim ersten Kauf einbringt. Daher setzt er zur Neukundenakquise nur Maßnahmen, die in Summe maximal 25,- Euro pro neuem Kunden kosten.

Wer wird wohl mehr Erfolg in der Neukundengewinnung haben? Sie mit Ihrem Investment von 90 Euro pro Neukunde oder Ihr Konkurrent, der nur 25 Euro investiert? Mit 90 € können Sie mehr potenzielle Kunden mit Ihrem Marketing ansprechen (mehr Inserate, mehr Mailing-Empfänger), mehr Schritte in Ihren Marketing-Kampagnen einsetzen, auffälligere Werbung gestalten, etc. Wer hat da in der Neukunden-Akquise die Nase vorn?

Und stellen Sie sich vor, was alles möglich wäre, wenn Sie systematisch Marketing-Aktionen installieren würden, die daran arbeiten, dass Ihre Kunden öfter kaufen, mehr pro Kauf ausgeben und länger Kunde bleiben.

Das erhöht nicht nur den Beziehungswert jedes einzelnen Kunden, sondern es ermöglicht Ihnen dadurch auch, noch mehr pro Neukunde zu investieren. Ihre Mitbewerber werden nicht wissen, wie ihnen geschieht...

Übrigens: Das sind keine reinen Theorien. Mit meinen Klienten arbeite ich an genau solchen Systemen, die nicht nur neue Kunden generieren, sondern auch im Anschluss dazu führen sollen, den Kundenbeziehungswert über die drei Elemente Profit pro Kauf, Zahl der Transaktionen pro Jahr und Dauer der Kundenbeziehung zu steigern. Anfangs ist das ein bisschen Arbeit, aber die Resultate rechtfertigen den Aufwand hundert Mal.

Und wenn Sie als Unternehmer oder Selbständiger immer den Beziehungswert Ihrer Kunden im Hinterkopf haben, dann ist Ihre gesamte Herangehensweise, wie Sie Ihr tägliches Business sehen, eine ganz andere.

Zumeist wollen wir einen Kunden gewinnen, um ihm etwas zu verkaufen – die Transaktion steht im Mittelpunkt unseres Denkens. Sobald uns aber bewusst ist, wie hoch der Wert eines neuen Kunden über die Jahre für unser Unternehmen ist, dann ändert sich unser Fokus: Wir wollen eine Transaktion erfolgreich abschließen, um einen neuen Kunden (samt all seinen zukünftigen Transaktionen) zu gewinnen.

Ich weiß, das klingt jetzt eher banal – aber dieser Shift in unserer Zielsetzung verändert die gesamte Ausrichtung unserer Marketing-Aktivitäten, die gesamte Gestaltung des Verkaufsprozesses und das Erlebnis für unsere Kunden (siehe auch „Das außerordentliche Erlebnis").

Ich weiß von einem Einzelhändler (die Branche spielt hier keine Rolle), der seinen Verkäufern eintrichtert: *Sobald ein potenzieller Neukunde bzw. ein Bestandskunde in den Laden kommt, stellen Sie sich vor, dass er ein Schild mit „€ 2.500,-" um den Hals trägt – das ist der Profit, den ein Kunde im Durchschnitt für unser Unternehmen über die Jahre darstellt. Und mit dem er auch Ihr Gehalt zahlt.*

Glauben Sie, dass das die Einstellung der Verkäufer ändert? Werden sie sich mehr bemühen, freundlicher und hilfsbereiter sein? Werden alleine dadurch die Abschluss-Quote und der Umsatz pro Transaktion steigen?

Prinzipien von Direktmarketing und Direct-Response-Marketing

Der zweite, ebenfalls essenzielle Punkt ist der völlige Verzicht auf typisches „Image-Marketing“, das wir von großen Konzernen oder dem Mitbewerb in unserer Branche täglich sehen. Der theoretische (und für kleine Unternehmen finanziell ruinöse) Ansatz hinter dieser Form des Marketing ist es, dass man nur oft und lange genug seinen Firmennamen und seinen Unternehmensgegenstand in die Öffentlichkeit hinausposaunen muss, und dann kommen die Kunden schon, wenn sie Bedarf haben. Als Hauptziele werden „Markenpositionierung“, „Imageaufbau“ oder „Schaffung von Top-Of-Mind-Awareness“ genannt.

Diese Art des Marketing hat den Vorteil für die Verantwortlichen in den Konzernen oder den Werbeagenturen, dass sie nicht wirklich nachvollziehbare Ergebnisse liefern. Nach Monaten werden Marktanteile betrachtet oder Konsumenten befragt, aber die Resultate können niemals auf einzelne Marketing-Aktionen oder -Kampagnen zurückgeführt werden. Man weiß also nie, was genau funktioniert hat, und was nicht, also kann man auch keine Fehler machen...

Das Hauptziel des Marketing von uns Unternehmern und Selbständigen ist, zu verkaufen. Und nur, zu verkaufen. Kein Markenaufbau, keine Awareness, kein Image. VERKAUF.

Und wir müssen - da wir nicht die tiefen Taschen der internationalen Konzerne haben - nachvollziehen können, welche Marketing-Kampagne welche Ergebnisse eingefahren hat. Wir müssen von jedem einzelnen unserer Marketing-Euros verlangen, dass er in die weite Welt hinauszieht und ein paar seiner Euro-Freunde wieder zurück in unsere Kassen mitbringt – wir brauchen einen messbaren Return-On-Investment.

Und diese Nachvollziehbarkeit, und zwar auch noch zeitnahe und nicht erst nach Monaten, bringt uns nur Marketing, das nach den Prinzipien des Direktmarketing bzw. des Direct-Response-Marketing gestaltet ist.

Hier geht es darum, dass Sie mit Direct-Response-Marketing zum Beispiel wissen, dass Sie ein Inserat 1.000,- Euro kostet und üblicherweise etwa 10 Anfragen generiert. Aus diesen Anfragen werden dann im Durchschnitt sagen wir 5 Aufträge. Das bedeutet, dass Sie mit diesem Inserat für einen neuen Auftrag 200,- Euro investieren müssen. Zusammen mit dem Kundenbeziehungswert, den wir zuvor ermittelt haben, können Sie nun entscheiden, ob Sie diese Form des Marketing weiterhin einsetzen oder andere Optionen testen wollen.

In Kapitel 4 werden wir uns diese Prinzipien und Mechanismen ganz genau ansehen und detailliert durchgehen. Zum jetzigen Zeitpunkt versprechen Sie mir einfach, NIE WIEDER Image-Marketing zu betreiben.

Beispiel aus der Praxis:

Funktionieren Marketing und Werbung nach Direktmarketing- bzw. Direct-Response-Marketing-Prinzipien tatsächlich in allen Branchen? Ein gutes Beispiel für ein Business, das üblicherweise nicht unbedingt nach diesen Prinzipien vermarktet wird, war jenes von David Di Pietro – er war Zauberkünstler und Mentalmagier für private Feste und Firmenveranstaltungen. Er war einer von vielen enthusiastischen Magiern, die ihre Leidenschaft zum Beruf machen wollten. Allerdings hatte er marketingtechnisch keinerlei Ausbildung und kein Know-how, und so kam er auf durchschnittlich drei Shows pro Monat. DANN entdeckte er die

Prinzipien, die auch Sie hier kennenlernen: Jene des Direktmarketing und des Direct-Response-Marketing eben. UND – das ist der wichtigste Teil – er begann, die Strategien und Methoden auch einzusetzen. Das Ergebnis: Innerhalb von nur 90 Tagen wurde er im Durchschnitt für 25 Shows pro Monat bei privaten Partys und Firmenevents gebucht.

Dieses Beispiel belegt zwei wesentliche Punkte: Erstens, diese Prinzipien, Strategien und Konzepte funktionieren tatsächlich selbst in den unüblichsten Branchen. Und zweitens, sie können innerhalb kürzester Zeit Ihr gesamtes Business revolutionieren und einen beständigen Strom an Interessenten und Kunden zu Ihnen bringen. Wenn Sie sie auch anwenden.

Zielgruppe + Botschaft + Medienkanäle + Gestaltung = Erfolg

Unwiderstehliches Marketing hat vier Grundsäulen, auf denen es ruht. Jede einzelne dieser Grundsäulen ist wichtig, aber keine ist wichtiger als die anderen. Und sie alle müssen möglichst präzise aufeinander abgestimmt werden, um uns maximalen Erfolg zu bringen.

Ähnlich wie bei einem vierbeinigen Tisch, der alle vier Tischbeine benötigt, um sicher und fest zu stehen und dessen Beine auch auf einander abgestimmt (= gleich lang) sein müssen, um maximale Stabilität zu gewährleisten.

Die vier Grundsäulen des Unwiderstehlichen Marketing sind:

- **Zielgruppe**
- **Botschaft**
- **Medienkanäle und**
- **Gestaltung**

Wenn Sie diese vier Eckpunkte in jeder Marketing-Kampagne und in all Ihren Marketing-Materialien bewusst und durchdacht einsetzen und gut aufeinander abstimmen, dann werden Ihre Erfolge nicht lange auf sich warten lassen – garantiert.

Sehen wir uns die einzelnen Eckpunkte, und was wir dabei berücksichtigen müssen, genauer an:

Zielgruppe

Wie bereits zuvor festgestellt, ist einer der häufigsten Fehler im Marketing von KMU, Selbständigen und Freiberuflern die falsche Zielgruppen-Auswahl. Beziehungsweise wird oft gar keine Zielgruppe definiert, sondern jedermann mit einem Puls wird als potenzieller Kunde betrachtet. Das wirft zwei Probleme auf:

Erstens werden wir Bankrott gehen, wenn wir versuchen, jedermann (und -frau) zu kontaktieren. Es gibt kaum ein Produkt oder eine Dienstleistung, die sich wirtschaftlich vertretbar bei allen Menschen vermarkten und bewerben lassen. Nicht einmal Coca-Cola schafft das. Deshalb müssen wir eine Zielgruppe definieren.

Und zweitens können wir niemals effektiv mit potenziellen Kunden kommunizieren und überzeugende Marketing-Botschaften gestalten, wenn wir alles für alle sein wollen. Unterschiedliche Menschen haben unterschiedliche Bedürfnisse und wir können nicht allen Personen in Aussicht stellen, ihre Bedürfnisse mit unserem Angebot zu befriedigen. Abgesehen davon, dass kein Produkt und kein Service die „Eier legende Wollmilchsau“ sein kann, können wir auch nicht glaubwürdig vermitteln, dass unser Angebot alles ist und alles kann - selbst wenn das so wäre.

Also müssen wir uns eine bestimmte Gruppe von Menschen mit gemeinsamen Merkmalen und wahrscheinlich gleichen Kaufmotiven aussuchen, und ihnen eine maßgeschneiderte Marketing-Botschaft zukommen lassen.

Und da beginnen wir immer bei jenen Personen, die am ehesten unser Angebot wahrnehmen werden. Wir müssen uns fragen: *„Wie sieht mein idealer Kunde aus?"*.

„Welche Eigenschaften haben jene Menschen, die am ehesten bei mir kaufen/die jene Produkte kaufen, die mir den meisten Profit bringen/die mir im Laufe unserer Geschäftsbeziehung den höchsten Gewinn liefern?"

Diese Merkmale können wir einerseits logisch oder aus Erfahrung ableiten (Kinderkleidung kaufen nahezu immer Erwachsene mit Kindern, zumeist die Mütter, diese sind großteils zwischen 25 und 35 Jahre alt), wir können sie aus Umfragen beziehen, oder - wenn wir schon länger im Geschäft sind - aus unserer eigenen Kundendatenbank.

Doch welche Merkmale können wir denn eigentlich bei unserer Zielgruppendefinition überhaupt definieren?

Zielgruppen-Merkmale werden grundsätzlich in drei Kategorien eingeteilt:

- **Geografische Merkmale**
- **Demografische Merkmale**
- **Psychografische Merkmale**

Und zusätzlich gibt es noch die „Wunden Punkte“, die Sie kennen sollten.
Sehen wir uns kurz die verschiedenen Merkmale genauer an:

Geografische Merkmale
Das am häufigsten von Unternehmen verwendete Selektionskriterium ihrer Zielgruppe ist die örtliche Nähe. Ich höre dann oft: „mein Einzugsgebiet ist im Radius von 5 km“. Und damit hört bei vielen die Zielgruppendefinition auch schon wieder auf.
Eine Zielgruppendefinition, die sich ausschließlich auf die Geografie bezieht, lässt viele wichtige Aspekte zur konzentrierten, punktgenauen Ansprache der idealen Kunden außer Acht. Mit einigen zusätzlichen Merkmalen können Sie Ihre ideale Zielgruppe deutlich enger definieren und so nicht nur Streuverluste vermeiden, sondern ihre Marketing-Botschaft viel spezifischer und ansprechender gestalten und sie so unwiderstehlich für diese Personen machen.

Demografische Merkmale
Demografische Informationen wie Geschlecht, Alter, Einkommen, Familienstand, Religionsbekenntnis etc. sind zusätzliche Kriterien, die Sie unbedingt in der Definition ihrer Zielgruppe berücksichtigen sollten. Aber selbst, wenn sie geografische und demografische Aspekte berücksichtigen, kratzen sie in Wahrheit immer noch nur an der Oberfläche. Um eine wirklich unwiderstehliche Marketing-Botschaft zu entwickeln, müssen Sie noch einen entscheidenden Schritt weitergehen.

Psychografische Merkmale
Psychografische Kriterien sind das Nonplusultra für ihre Zielgruppendefinition. Sie tauchen in den Kopf ihrer idealen Kunden ein und beschäftigen sich mit ihren Gedanken und

Gefühlen. Hier geht es um Werte, Einstellungen, Vorlieben und Abneigungen. Diese Elemente sind oftmals ausschlaggebend, ob jemand ihr Angebot in Anspruch nimmt. In den meisten Fällen entscheiden die psychografischen Parameter, ob jemand kauft oder nicht.

Die „Wunden Punkte" Ihrer Zielgruppe

Diese „Wunden Punkte" sind unsere stärksten Motivatoren – unsere tiefsten Ängste und Sehnsüchte.

Es gibt sie immer und überall – jeder von uns hat sie, auch Ihre Zielgruppe. Sie entdecken sie, indem Sie die Antworten auf folgende Fragen – in Bezug auf Ihr Angebot – finden:

- Welche Sorgen/Probleme/Ängste lassen meine Zielgruppe nachts kein Auge zu machen?
- Was wünschen sich die Menschen meiner Zielgruppe insgeheim, in ihrem Innersten am meisten?
- Wie würde meine Zielgruppe antworten: *„Wenn ich nur ______ wäre/hätte, dann wäre/hätte ich ____!"* (z.B. „Wenn ich nur mein Idealgewicht hätte, dann wäre ich endlich attraktiv und begehrenswert für das andere Geschlecht und würde einen Partner finden und wäre nicht mehr einsam!")

Wenn wir diese Merkmale unserer idealen Kunden so gut wie möglich definieren können, dann erreichen wir dreierlei:

Erstens können wir z. B. Direktmailings nur an diese Menschen versenden (die Daten dafür bekommen Sie bei Adressverlagen), Inserate nur in Publikationen schalten, die auch von unserer Zielgruppe gelesen werden (Frauen werden wir in der Auto Revue schlechter erreichen als in der Vogue), auf Facebook unser Ad-Budget sinnvoller, zielgerichteter und effektiver investieren. Das spart Kosten durch möglichst geringe Streuverluste, macht unser Marketing effektiver und der Return-On-Investment wird höher ausfallen.

Zweitens können wir uns auf jene Medienkanäle beschränken, die unsere Zielgruppe auch tatsächlich konsumiert. Facebook-Ads oder YouTube-Influencer sind bei der Generation 70+ eher weniger zu empfehlen. Instagram wird effektiver bei 18-jährigen Mädchen sein als ein Radio-Spot im Lokalradio. So verschwenden wir kein Geld in Medienkanäle, die niemals bzw. viel zu selten von unserer Zielgruppe genutzt werden.

Und drittens können wir unsere Marketing-Botschaften so gestalten, dass sie unsere Zielgruppe und ihre Bedürfnisse möglichst optimal und punktgenau ansprechen (ihre „Hot Buttons“ drücken), um so die Wahrscheinlichkeit eines nächsten Schrittes - Besuch im Schauraum, Anforderung von Informationsmaterial, Terminvereinbarung oder auch direkt ein Kauf - zu maximieren.

Beispiel aus der Praxis:

Die Konzentration auf die richtige Zielgruppe kann entscheidend dafür sein, ob Sie ein erfolgreiches Business haben oder wieder aufgeben müssen. Davon kann Richard Jäger* ein Lied singen. Der Personal Trainer hatte zwei Studios, die allerdings aufgrund einer wirtschaftlichen Fehlentscheidung in die roten Zahlen gerutscht waren. Trotz aller Bemühungen und Marketing-Aktivitäten schaffte es Richard nicht, wieder aus der Verlustzone herauszukommen. Bis er sein gesamtes Marketing (und sein Angebot) neu ausrichtete. Er verzichtete gänzlich auf die Bewerbung bei Männern und fokussierte sich nur noch auf die Damen. Zusätzlich definierte er seine Zielgruppe auf Frauen von 35 bis 55, da diese seiner Erfahrung nach am ehesten seine Dienste in Anspruch nahmen. Bei den Medienkanälen (siehe auch „Medienkanäle" weiter unten) setzte er einen seiner Schwerpunkte auf Facebook-Ads, da er dort seine Zielgruppe am einfachsten punktgenau ohne Streuverluste erreichen konnte. Das Ergebnis war eine Umsatzsteigerung um 30 % im ersten Jahr (und das Erreichen der Gewinnzone). Im zweiten Jahr konnte er seinen Umsatz nochmals um 25 % erhöhen, im dritten Jahr schoss er jedoch den Vogel ab. Dadurch, dass er für jedes Alter eigene Ads kreierte und seine Zielgruppe noch spezifischer ansprach (also eine Ad für Frauen mit 35 Jahren, eine für Frauen mit 36 Jahren, etc.), konnte er im dritten Jahr seinen Umsatz nochmals um 60 % (!) steigern. Das ging sogar so weit, dass er sein Marketing vorübergehend einstellen musste, da er und sein Mitarbeiter mit dem persönlichen Nachfassen nicht mehr hinterherkamen... Das ist die Power der richtigen Zielgruppen-Auswahl.

*Name geändert

Womit wir auch gleich zum zweiten Eckpfeiler des Unwiderstehlichen Marketing kommen, nämlich der Botschaft.

Botschaft

Wenn es um Ihre Marketing-Botschaft(en) geht, dann müssen Sie folgende Frage beantworten können:
Was kommunizieren Sie an Ihre Zielgruppe, an potenzielle Interessenten oder Käufer, an aktive und inaktive Kunden, das so überzeugend, attraktiv und unwiderstehlich ist, dass es nicht ignoriert werden kann; das die Empfänger geradezu dazu zwingt, zu handeln und das Sie so anziehend macht wie das Licht für Motten?
Die meisten Unternehmen haben leider keine so unwiderstehliche Botschaft für Ihr Angebot. Zumeist wird ein Unternehmen gegründet - egal ob Versicherungsmakler, Pizzeria, Tischlerei oder Modeboutique - und dann wird so

etwas kommuniziert wie: „Es gibt uns, wir sind da und bereit, mit Ihnen ins Geschäft zu kommen".
Was Sie aber stattdessen benötigen, ist eine Botschaft, die Ihrer Zielgruppe vermittelt: „Dafür stehen wir, das sind die Benefits, die wir Ihnen bieten und das sind die Gründe, warum wir die ideale Lösung für Ihre Probleme sind."

Und da kommt der allseits bekannte USP ins Spiel. Die „Unique Selling Proposition" (auf Deutsch das „einzigartige Verkaufsversprechen" ist der Dreh- und Angelpunkt für Ihre Marketing-Botschaften.

So entwickeln Sie Ihren USP

Sie haben sicherlich schon davon gehört: Der USP ist ein Konzept, das in den 1940er Jahren von Rosser Reeves, einem Werbefachmann in den USA, entwickelt wurde.

Der USP soll Sie und Ihr Angebot von der Masse der Konkurrenz abheben und Ihre idealen Kunden überzeugen, mit Ihnen ins Geschäft zu kommen – weil Sie das beste Angebot für ihre Bedürfnisse haben.

Der USP beantwortet die Frage: *„Warum soll ich gerade mit IHNEN ins Geschäft kommen, anstatt irgendeine andere Lösung in Ihrer Kategorie in Anspruch zu nehmen?"*

Haben Sie bereits eine gute Antwort darauf?

Aber Achtung:
„Wir bieten gute Qualität zu fairen Preisen" oder „Wir bieten großartigen Kundenservice" reichen bei Weitem nicht aus! Erstens sind „gute" Qualität und „faire Preise" sowie

„großartiger Kundenservice“ vollkommen subjektiv und jeder potenzielle Kunde stellt sich darunter etwas anderes vor. Außerdem sind das Allgemeinplätze, die niemanden tatsächlich ansprechen. Und zu guter Letzt sind es eigentlich Selbstverständlichkeiten, denn kaum ein Unternehmer wird „schlechte Qualität zu vollkommen überhöhten Preisen“ oder „schrecklichen Kundenservice“ in seinem Marketing anpreisen.

Sie benötigen für Ihren USP eine spezifische, überzeugende Antwort, die maßgeschneiderte und unwiderstehliche Vorteile und Nutzenversprechen für Ihre idealen Kunden bietet.

Ich stelle Ihnen zwei Beispiele von USPs vor, die die Basis für Milliarden-Unternehmen waren, und nach deren Muster auch Sie vorgehen können. Diese beiden Beispiele werden weltweit als die Vorbilder für einen überzeugenden, unwiderstehlichen USP herangezogen.

Nummer eins lautet:
„Frische, heiße Pizza – in 30 Minuten geliefert. Garantiert.“

Diesen USP kennen Sie möglicherweise. Er war die Grundlage für den Erfolg von Domino’s Pizza in den USA. Lieferservice war damals zwar nicht neu, aber üblicherweise dauerte die Lieferung länger als eine halbe Stunde und man wusste nicht wirklich, wann die Pizza tatsächlich endlich da sein würde.

Das zweite Beispiel kennen Sie wahrscheinlich ebenfalls. Es lautet: *„Wenn es unbedingt, auf jeden Fall, morgen ankommen muss“*.

Dieser USP war der Ausgangspunkt und die Basis für die Gründung von Federal Express.

Fällt Ihnen auf, dass diese beiden USPs nicht einfach nur typische Slogans waren (obwohl sie auch als solche verwendbar sind)? Sie waren nicht „Möbel und mehr“, „Ihr Versicherungsmakler in Berlin“ oder „Ein schönes Lächeln öffnet alle Türen“ (Letzteres liest man so oder so ähnlich in den meisten Inseraten von Zahnärzten). Es waren spezifische, nutzenorientierte Aussagen, die Domino's bzw. FedEx von allen anderen damaligen Konkurrenten unterschieden und hervorhoben.

Wie können Sie nun einen überzeugenden, unwiderstehlichen USP für Ihr Unternehmen bzw. Ihr Angebot entwickeln?

Sehen wir uns dazu das Beispiel von Domino's an und analysieren wir die einzelnen Komponenten.

Das erste Element ist eine klare, konzentrierte und punktgenaue Positionierung. Der USP sagt nichts über die beste Pizza, das Geheimrezept der Oma aus Italien oder die Qualität der Zutaten. Er sagt, die Pizza ist frisch und heiß, wenn sie geliefert wird.

Das zweite Element ist die Genauigkeit der Aussage. „In 30 Minuten“ wird die Pizza geliefert, nicht einfach nur „schnell“. Der Zeitrahmen ist ganz spezifisch angegeben, denn das ist (das wissen wir heute aus der Psychologie) deutlich glaubwürdiger und überzeugender als allgemein gehaltene Aussagen.

Das dritte Element ist eine Garantie. Die Garantie war, dass – sollte die Lieferung länger als 30 Minuten dauern – die Pizza dann für den Kunden gratis wäre.

Was können Sie Ihren Kunden garantieren? Welche Garantie in Bezug auf ein Produkt oder eine Dienstleistung können Sie anbieten, der das Risiko für Ihre idealen Kunden reduziert oder eliminiert?

Wir alle wollen beim Kauf keinen Fehler machen. Wir wollen vermeiden:

- übers Ohr gehauen zu werden,
- unser Geld sinnlos auszugegeben (weil wir nicht den erwarteten Gegenwert bekommen),
- Unannehmlichkeiten im Rahmen des Kaufs (z. B. ewig lange Wartezeiten) oder bei Reklamationen (z. B. endlose Warteschleifen am Telefon) erdulden zu müssen.

Eine Garantie, die diesbezüglich die Hauptsorgen Ihrer idealen Kunden eliminiert, ist deshalb nicht nur sinnvoll, sondern sie kann sogar essenziell für Ihren Erfolg sein.

Zusammengefasst hier die Anleitung für Ihren USP:
1. Eine enge, punktgenaue Positionierung.
2. Spezifische, nutzenorientierte Aussagen.
3. Eine Garantie.

Wenn Sie nun die Frage *„Warum soll ich gerade mit Ihnen ins Geschäft kommen, anstatt irgendeine andere Lösung in Ihrer Kategorie in Anspruch zu nehmen?“* mit Ihrem USP vorteilhaft und unwiderstehlich für Ihre Zielgruppe beantworten können, dann haben Sie bereits eine starke Marketing-Botschaft.

Beispiel aus der Praxis:
Der Optiker Connor Heaney in Manchester, Großbritannien, hat es alleine durch seinen USP – exklusiver Modeberater für Augenmode mit hochwertigen Fassungen aus Paris, Mailand etc. – geschafft, den durchschnittlichen Wert eines Kunden auf das FÜNFFACHE des Branchendurchschnitts zu steigern. Das gesamte Erlebnis, das seine „Klienten“ (nicht „Kunden“) haben, unterscheidet sich so dermaßen von dem anderer Optiker, dass ein Vergleich mit der Konkurrenz de facto unmöglich ist und er eine „Category of One“ darstellt: Termine nur nach Vereinbarung, nur eine Handvoll Fassungen sind ausgestellt, das Ambiente ist gediegen und es gibt immer frische Schnittblumen, es duftet nach Kaffee etc. Und dementsprechend sind auch die Preise gestaltet. Auf diese Weise hat er es fertiggebracht, in einer Branche, die vom Sterben der kleinen, unabhängigen Optiker gekennzeichnet ist (in den letzten 20 Jahren von 70 % auf 20 % der Betriebe), nicht nur zu überleben, sondern sogar zu florieren.

Ein Unwiderstehliches Angebot

Zusätzlich zu Ihrem USP benötigen Sie jedoch bei jeder Marketing-Kommunikation mit Ihrer Zielgruppe noch ein zusätzliches Element: ein Unwiderstehliches Angebot.

Später werden wir uns noch ganz genau ansehen, was Sie benötigen, um für Ihre Zielgruppe ein Unwiderstehliches Angebot zu kreieren, das man bei geistiger Gesundheit und genügend Vertrauen, dass Sie kein Gauner oder Scharlatan sind, gar nicht ausschlagen kann.

An dieser Stelle sei nur so viel gesagt: Sie benötigen immer ein konkretes, unwiderstehliches Angebot, auf das Ihre Zielgruppe reagieren soll und kann. Ohne Angebot keine Marketing-Botschaft – kein Inserat, kein Mailing, keine Facebook-Ad, kein Flyer, keine Broschüre. Punkt.

Mehr dazu erfahren Sie wie gesagt in den folgenden Kapiteln.

Medienkanäle

Der dritte Eckpfeiler für Unwiderstehliches Marketing ist die Auswahl der richtigen Medienkanäle. Ein Medienkanal ist zum Beispiel Direct Mail per Post – egal ob ein Brief, eine Postkarte oder Ähnliches. Ein anderer Medienkanal ist TV, ein weiterer Inserate in Printmedien (Tageszeitung oder Magazine etc.) und ein weiterer ist „das Internet".
Ja, das Internet ist nicht ein eigenes Business (auch wenn man häufig hört: „Ich bin jetzt im Internet-Business"), es ist keine eigene, ganz besondere Marketing-Form, die eine spezialisierte „Digital-Agentur" benötigt und es ist auch nicht DER Königsweg zu mehr Kunden und mehr Umsatz.
Das Internet – egal ob in Form Ihrer Website, in Gestalt von Facebook, Instagram, Twitter, Google, LinkedIn etc. – ist ein Medienkanal wie jeder andere. Es ist – wenn Sie damit Ihre Zielgruppe effektiv und kosteneffizient erreichen können – ein wertvoller Pfeil in Ihrem Marketing-Köcher, den Sie mitunter hochprofitabel einsetzen können. Nicht mehr und nicht weniger.

Die Prinzipien sind immer gleich

Und wenn wir über Medienkanäle sprechen, dann müssen wir einen essenziellen Punkt gleich zu Beginn klar stellen: Die

Grundprinzipien des Marketing – und hier besonders des Direktmarketing bzw. des Direct-Response-Marketing - gelten für ALLE Medienkanäle (auch für „das Internet“). Ja, es gibt Unterschiede, aber die finden sich in den Details, in Nuancen - nicht in den Grundlagen.

Und gerade was das Internet betrifft, werden dort aufgrund der technischen Machbarkeit heutzutage Methoden angewandt (und als „neu“ verkauft), die bereits vor 100 Jahren im Versandhandel gang und gäbe waren. Wie die alten Marketing-Haudegen in den USA zu sagen pflegen: *„There's nothing new under the sun...“*.

Online plus offline ist der Schlüssel

Ein wesentliches Prinzip des Unwiderstehlichen Marketing ist bei der Auswahl der Medienkanäle auch, möglichst Online- und Offline-Medien in Kombination zu verwenden. Also zum Beispiel die Sammlung von Kontaktdaten von Interessenten über eine Facebook-Ad oder eine eigene Website und die Folgekommunikation per Direktmailing (Brief, Postkarte etc.). Auch umgekehrt ist es möglich und auf jeden Fall empfehlenswert zu testen: Zum Beispiel eine Postkarte mit einem Angebot zur Interessenten-Identifikation, das den Empfänger auf eine Website verweist (mit z.B. einem Online-Video, der Möglichkeit zur Anforderung eines Info-Packages, etc.).

In der Praxis wird sehr oft von meinen Klienten die Online-zu-Offline-Variante verwendet, denn offline können Sie in einem kompetitiven Vakuum kommunizieren. Wenn ein potenzieller Kunde Ihre Website besucht, dann ist er nur einen Mausklick von der Website Ihres Mitbewerbs (und vor allem beim

Einzelhandel Amazon) entfernt. Sobald ein Interessent jedoch ein Mailing von Ihnen in Händen hält (oder noch besser eine Faszinations-Box* mit Brief, Broschüre, Katalog, Flyer, Ratgeber, Video-DVD, einem kleinen Goodie, etc.), dann ist weit und breit kein Mitbewerber in Sicht, der mit Ihnen in diesem Moment in Konkurrenz treten kann. Die Aufmerksamkeit gehört nur Ihnen und Ihren Marketing-Materialien. Deshalb ist Online-zu-Offline grundsätzlich die Vorgehensweise der Wahl, Sie können jedoch auch Offline-zu-Online-zu-Offline testen. Hier stellen Sie postalisch oder per Inserat den Erstkontakt her, lotsen den Interessenten zur I2 auf eine Website und kommunizieren danach wieder offline mit ihm weiter. Auch dieser Ansatz zeigt in der Praxis oftmals großartige Ergebnisse.

*Siehe Kapitel 4: „Die Faszinations-Box“

Je mehr Kanäle, desto besser

Wenn Sie Ihre Marketing-Botschaften an Ihre Zielgruppe übermitteln, dann ist es immer am besten, so viele Medienkanäle wie möglich dafür zu nutzen. Je mehr Medienkanäle Sie verwenden, um Ihre Zielgruppe zu kontaktieren und mit ihr zu kommunizieren, desto größer wird auch die Wahrscheinlichkeit, dass Sie mit Ihrer Botschaft wahrgenommen werden.

Hierzu ist es natürlich nötig, dass Sie wissen, wie viel Sie in Interessenten-Identifikation bzw. Neukundenakquise investieren können. Je höher Ihr Budget, desto mehr Medienkanäle (und mehr Schritte in Ihren Marketing-Kampagnen) können Sie nutzen.

Außerdem ist es für Sie ein großer Wettbewerbsvorteil, wenn Sie Ihre idealen Kunden im Rahmen einer Marketing-Kampagne gleichzeitig über z. B. Inserate in Magazinen, Mailings, Facebook-Ads, Radio-Spots und Messe-Auftritte erreichen können, Ihr Mitbewerb aber aufgrund seiner Wirtschaftlichkeitsrechnung (wo er allerdings nicht den gesamten Kundenbeziehungswert berücksichtigt hat) nur über Inserate und Facebook allein. Grundsätzlich wird nämlich jenes Unternehmen am erfolgreichsten im Markt sein, das mehr in die Kundengewinnung investieren kann (Ausnahmen bestätigen die Regel, aber im Allgemeinen ist es so).

Daher ist auch eine Hoch- oder Premiumpreis-Strategie vorteilhaft, denn damit wird ein Kunde mehr wert (= profitabler) und Sie können daher auch mehr in die Neukundenakquise investieren. Und hier schließt sich der Kreis wieder mit dem USP und einer entsprechenden Positionierung. Denn wenn diese beiden Elemente stimmen, können Sie auch höhere Preise als die Konkurrenz ohne USP oder marktgerechte Positionierung verlangen, können daher mehr in die Kundenakquise investieren, werden mehr und profitablere Kunden anziehen, etc.

Gestaltung

Der vierte und letzte Eckpfeiler von Unwiderstehlichem Marketing ist die Gestaltung Ihrer Marketing-Botschaften.

Leider wird diesem Punkt von den meisten Unternehmen (und auch Werbeagenturen) zu wenig Aufmerksamkeit geschenkt und damit bleibt oft viel potenzieller Umsatz auf dem Tisch liegen.

Und hier geht es nicht um „schön“ oder „hell und freundlich“. Bei Marketing-Materialien und -Aktivitäten hat Attraktivität nicht unbedingt auch mit Wirksamkeit zu tun (oft bringen sogar weniger stylishe Mailings, Inserate etc. bessere Ergebnisse).

Hier geht es um die Gestaltung nach verkaufspsychologisch getesteten Grundsätzen – sowohl optisch als auch inhaltlich. Gerade die Disziplinen des Direktmarketing und des Direct-Response-Marketing haben hier einen unglaublich starken Fokus darauf entwickelt. Und gemeinsam mit dem Grundsatz, immer verschiedene Versionen eines Mailings, einer Postkarte, eines Inserates zu testen, wurden diesbezüglich unglaublich wertvolle Einsichten und Erkenntnisse gewonnen, die die Ergebnisse all Ihrer Marketing-Aktivitäten dramatisch verbessern können (wenn Sie sie kennen und richtig anwenden).

Es würde den Umfang dieses Buches sprengen, hier alle möglichen Variablen aufzuzählen und zu behandeln, aber lassen Sie mich zwei der wichtigsten Punkte, die Sie immer und sofort umsetzen können, näher erläutern.

Lange Texte/Videos funktionieren

Einer der größten Fehler, den Sie in Bezug auf die Gestaltung machen können, ist es, sich absichtlich kurzzufassen, weil ja niemand lange Texte, lange Videos, Inserate mit viel Text etc. liest oder ansieht.

Die Menschen haben angeblich nur mehr die Aufmerksamkeitsspanne eines Goldfisches (wenige

Sekunden), und daher müssen unsere Marketing-Botschaften kurz und prägnant vermittelt werden.

STIMMT LEIDER NICHT.

Diese Diskussion ist über 100 Jahre alt. Bereits Ende des 19. (!) Jahrhunderts wurde in Werbekreisen (vor allem im Versandhandel) in den USA diskutiert, dass niemand mehr die Zeit hätte, lange Texte zu lesen und daher Inserate und Mailings nicht zu viel Text enthalten dürften...

ABER: Test auf Test hat ergeben, dass in 99 % aller Fälle längere Texte mehr verkaufen als kurze, dass längere Videos (ja, auch online!) mehr verkaufen als kurze, dass Inserate mit mehr Text mehr verkaufen als solche mit weniger Text.

Das Problem mit langen Texten oder Videos ist folgendes: Wenn Sie nichts Interessantes zu kommunizieren haben bzw. es nicht interessant gestalten (siehe den vorherigen Punkt) oder Ihre Botschaft von jemandem gesehen wird, der eigentlich nicht zur Zielgruppe gehört, dann ist auch schon ein Satz zu lang. Die Todsünde Nr. 1 im Marketing ist es, langweilig bzw. irrelevant zu sein!

Wenn Sie aber auffällige und interessante Marketing-Botschaften haben, die auch von Ihrer Zielgruppe, Ihren idealen Kunden gesehen werden, dann sollten Sie so viel wie nötig kommunizieren. Wenn Sie mit einer Briefseite, mit 5 Sätzen, mit 3 Minuten Video auskommen, dann bitte versuchen Sie nicht krampfhaft, längere Botschaften zu kreieren.

Aber grundsätzlich werden Sie mehr Information transportieren wollen/müssen, um jemanden davon zu überzeugen, Ihr Angebot – wie auch immer es aussehen mag (kostenlose Information, Beratungsgespräch, Schauraum-Besuch, Kauf etc.) – anzunehmen.

Jede Marketing-Kommunikation ersetzt im Prinzip ein Gespräch von Angesicht zu Angesicht. Und bei einem persönlichen Gespräch würden Sie sich auch nicht bewusst kurz angebunden zeigen, um nicht die Aufmerksamkeit Ihres Gegenübers zu strapazieren.

Sie würden so lange so viel Information wie nötig und wie gewünscht geben.

Und bei unseren Marketing-Botschaften in Mailings, Inseraten, Videos, etc. sollten Sie sich an einem interessierten, wissbegierigen Menschen orientieren, der möglichst viele Informationen möchte, bevor er eine (Kauf)Entscheidung trifft. Welche Fragen könnte diese Person beantwortet haben wollen? Welche Argumente sollte ich vorbringen? Welche Einwände sollte ich vorwegnehmen?

Wie gesagt, grundsätzlich gilt im Marketing in Bezug auf Text/Information: mehr verkauft mehr. Das wird seit über 100 Jahren in mehr als 99 % aller Tests immer und immer wieder bestätigt.

Immer nur eine Handlung erwarten und bewerben

Der zweite wesentliche Punkt betreffend die Gestaltung Ihrer Marketing-Botschaften ist, dass Sie niemals versuchen sollten, zu viel von den Empfängern Ihrer Message zu erwarten. Nein, nicht in Bezug auf Geld, sondern in Bezug darauf, was sie tun sollen.

Das Ziel jeder Marketing-Botschaft sollte immer nur EINE konkrete Handlung sein, die der Empfänger setzen soll.

Soll er Informationen anfordern?
Soll er in Ihren Schauraum kommen?
Soll er Sie anrufen und einen Termin vereinbaren?
Soll er einen bestimmten Artikel kaufen?

Auf diese EINE Aktion sollten Sie sich konzentrieren. Machen Sie EIN Angebot und verlangen Sie nur EINE Handlung von den Menschen.

Und beschreiben Sie so genau wie möglich, was der Empfänger tun soll. Im besten Fall erklären Sie ihm auch noch exakt, was ihn erwartet, wie die weitere Vorgehensweise aussehen wird.

Z. B. „Wenn Sie ein kostenloses Beratungsgespräch vereinbaren wollen, dann rufen Sie uns so rasch wie möglich von Montag bis Freitag, von 8:00 bis 18:00 Uhr unter der Telefonnummer 01/234 56 789 an. Meine Assistentin, Astrid Müller, wird mit Ihnen einen Termin innerhalb der nächsten drei Tage vereinbaren - zu einer Zeit, die für Sie am angenehmsten ist. Danach bekommen Sie zur Bestätigung von uns auch noch eine E-Mail zugesandt (der Absender lautet: office@versicherungs-checker.biz) mit einem Termineintrag, den Sie direkt in Ihren Outlook- oder Google-Kalender speichern können."

Schlecht wäre dagegen: „Wenn Sie Interesse haben, dann rufen Sie uns zur Vereinbarung eines kostenlosen Beratungsgespräches unter 01/234 56 789 an oder fordern Sie unser kostenloses Informationspackage unter office@versicherungs-checker.biz an. Nähere Informationen finden Sie auch auf unserer Website www.versicherungs-checker.biz."

Das wirkt zwar auf den ersten Blick erfolgversprechender, weil ich ja mehrere Möglichkeiten anbiete und so die Wahrscheinlichkeit auf irgendeine Reaktion erhöhe, ist aber üblicherweise weniger effektiv. Ein Paradoxon unserer menschlichen Psyche - mehr Optionen führen zumeist dazu, dass wir weniger bzw. keine Entscheidungen treffen (sagen zumindest die Psychologen).

Am besten, Sie testen *(übrigens die EINZIGE 100%ige Wahrheit im Marketing, die immer stimmt).*

Timing

Ein zusätzlicher Punkt von enormer Bedeutung für Ihren Marketing-Erfolg ist das richtige Timing. Was meine ich damit? Dasselbe Angebot, zu einem bestimmten Zeitpunkt unterbreitet, kann zu deutlich mehr Response bzw. Umsatz führen, als wenn Sie es zu einem anderen Zeitpunkt machen.

Geburtstage

Das beste Beispiel dazu finden wir in der Gastronomie: Wird ein Angebot für ein Gratis-Dessert als Geburtstagspräsent gemacht, dann ist es dramatisch profitabler, als wenn es zu irgendeinem anderen Zeitpunkt des Jahres gemacht wird. Denn erstens gehen sehr viele Menschen anlässlich ihres Geburtstages essen und zweitens gehen sie dann zumeist mit einer größeren Gruppe essen als sonst üblich. Das bedeutet, dass einerseits die Wahrscheinlichkeit, dass der Empfänger tatsächlich mit (zahlender) Begleitung ins Lokal kommt, größer ist und andererseits wird die Anzahl der begleitenden Gäste höher sein. Ergo - höherer Profit. Und das Timing macht den Unterschied.

Ein anderes Beispiel: Bei Frauen in der Altersgruppe von 50 bis 68 Jahren werden Angebote im Bereich Kosmetik häufiger wahrgenommen, wenn sie in der Woche des Geburtstags der Empfängerin unterbreitet werden. Auch hier ist das richtige Timing ausschlaggebend für den Erfolg.

Geburtstage sind ohnehin einer der Pflichttermine für alle Unternehmer und Selbständige, mit Ihren Kunden und Interessenten (von denen sie diese Daten haben) in Kontakt zu treten. Hier auch ein unwiderstehliches Angebot als kleine Aufmerksamkeit zu machen, ist üblicherweise erfolgreich und funktioniert auch zumeist im B2B-Bereich.

Anlässe

Aber es gibt noch zahlreiche andere Anlässe, an denen das passende Timing einen bedeutsamen Effekt auf Ihren Umsatz haben kann.

Die Theorie dahinter ist, dass ein Angebot, das einen Grund hat, immer glaubwürdiger ist (und daher öfter angenommen wird) als ein eines, das einfach so gemacht wird. Wie gesagt, das ist nur eine Theorie - FAKT ist jedoch, dass ein Angebot mit einer Begründung in allen Tests besser abschneidet als ohne. Und für uns zählen die Fakten - warum das so ist, ist zwar interessant, aber nicht unbedingt relevant.

Und die Begründung für ein spezielles Angebot muss nicht einmal besonders triftig sein, dazu kommen gleich weiter unten.

Feier- und Gedenktage aller Art

Grundsätzlich eignet sich als Anlass jeder Feiertag. Also Weihnachten, Ostern etc. genau so wie Staatsfeiertag und Ähnliches. Sobald etwas allgemein gefeiert wird, kann man dazu auch eine Marketing-Aktion mit einem speziellen Angebot anlässlich dieses Ereignisses durchführen.

Aber auch internationale Gedenk- und Aktionstage (finden Sie für die EU aber auch die ganze Welt im Internet), wie z. B. der internationalen Tag der Blockflöte am 10. Januar (für den Musikinstrumente-Einzelhandel), der Safer Internet Day (2. Tag der 2. Woche im Februar - für IT-Dienstleister) oder auch der Weltnudeltag am 25. Oktober (z. B. für italienische Restaurants) können für spezielle Aktionen verwendet werden.

Oder Sie nehmen den Jahrestag einer Erfindung oder Entdeckung, z. B. wurde laut Wikipedia am 22. August 1691 in England das weltweit erste Patent für eine Maschine, die auch zur Reinigung textiler Stoffe genutzt werden konnte, entwickelt. Ein hervorragender Anlass, um die Geburtsstunde der Waschmaschine mit einem speziellen Angebot zu feiern.

So skurril oder bedeutungslos kann ein Tag gar nicht sein, als dass Sie nicht eine besondere Marketing-Aktion mit einem Angebot dafür kreieren können.

Erfinden Sie einfach einen

Und wenn alle Stricke reißen, dann erfinden Sie einfach einen Gedenk- oder Aktionstag. *Jetzt wollte ich gerade den „Tag des Apfelstrudels“ vorschlagen, habe aber schnell gegoogelt und gesehen, dass es den in den USA am 17. Juni als „National Apple Strudel Day“ bereits gibt....*

In der Praxis von einigen Unternehmern mit großem Erfolg eingesetzt wird auch „Alles Gute zum halben Geburtstag“ – eine Geburtstagsaktion, nur eben zur Halbzeit, also 6 Monate vor/nach dem tatsächlichen Geburtstag des Empfängers. Sie sehen, nichts ist zu kurios, um nicht mit Erfolg in bare Münze verwandelt zu werden. Lassen Sie Ihrer Fantasie freien Lauf und testen Sie!

Die I2 ist ein wesentlicher Bestandteil

Als letztes, ganz wesentliches Prinzip des Unwiderstehlichen Marketing kommen wir zur Bedeutung und zum Einsatz der I2, also der Interessenten-Identifikation als Erfolgsfaktor für Ihr Unternehmen.

Max. 5 % kaufbereit

Wie bereits in Kapitel 2 erwähnt, sind zu jedem beliebigen Zeitpunkt, an dem Sie Ihrer Zielgruppe ein Angebot unterbreiten, nur etwa 5 % der Empfänger auch tatsächlich JETZT kaufbereit. Daher sind die Identifikation von Interessenten und die laufende Kommunikation und

Begleitung bis zur Kaufentscheidung so essenziell für jedes Unternehmen.

Und hierbei ist es ganz besonders wichtig, systematisch und zielgerichtet Prozesse einzurichten, damit diese Kommunikation auch tatsächlich laufend - quasi im Hintergrund auf Autopilot - durchgeführt und nicht auf „wenn ich dazu komme" vertagt wird.

Eine solche Kommunikationssequenz umfasst immer mehrere Schritte, am besten online (E-Mail, Facebook Messenger, etc.) und offline (Mailings, Postkarten, Telefon). Vereinfacht dargestellt können Sie zum Beispiel Informationen über eine Facebook-Ad anbieten. Beim Klicken auf die Anzeige wird Ihr Interessent auf eine eigene Website von Ihnen (nicht Ihre allgemeine Unternehmenswebsite) geleitet, wo er seine Kontaktdaten eingibt, um die Informationen (einen Teil direkt per E-Mail zum Download und einen zweiten Teil per Post) zu erhalten.

Danach folgen sowohl Kommunikationsschritte per E-Mail als auch per Post, jeweils mit dem Ziel, den Interessenten einen Schritt weiter im Entscheidungs- und Kaufprozess zu bewegen. Und am Ende sollen Sie und Ihr Angebot die einzig sinnvolle und begehrenswerte Option darstellen.

In meinem Blog auf christopherlaub.com finden Sie einen zweiteiligen Post zu diesem Thema, worin ich eine (reine E-Mail) Kommunikationssequenz für Sie genau beschreibe. Die Inhalte dieser E-Mails können aber auch zum Teil (bzw. auch zur Gänze) mit Mailingbriefen oder via Postkarten kommuniziert werden. Am effektivsten ist wie bereits erwähnt die Mischung aus online und offline.

Immer eigene Kampagnen für Interessenten

Das angesprochene Automatisieren dieser Kommunikationssequenzen ist mit Online-Medien heute gar kein Problem mehr, es gibt zahlreiche Anbieter, die hierfür Lösungen anbieten. Ich will keine Firmen explizit nennen, eine kurze Internet-Recherche oder ein Gespräch mit einem Fachmann werden Ihnen eine Reihe von Möglichkeiten aufzeigen.

Für Offline-Kommunikation (vor allem Mailings und Postkarten) müssen Sie ein System, das von Menschenhand erfüllt wird, installieren. Aber auch das klingt komplizierter als es ist. Ein einfaches System mit Pultordnern reicht für den Anfang, und es gibt Softwarelösungen bzw. Unternehmen, die Sie bei den Offline-Schritten unterstützen können.

Auf jeden Fall benötigen Sie neben Marketing-Kampagnen an bestehende Kunden und an „heiße" Interessenten (die JETZT kaufbereit sind), immer auch laufende Kampagnen für Interessenten, die noch nicht unmittelbar ein Angebot zum Kauf annehmen wollen, weil sie eben im Entscheidungsprozess noch nicht so weit fortgeschritten sind.

Somit sollten Sie im Idealfall in der Endausbaustufe Ihres Unwiderstehlichen Marketing Systems zumindest DREI Kampagnen stets parallel laufen haben.

Eine zur I2, eine zur Konvertierung von Interessenten zu Kunden und eine zur Stimulation von Folgekäufen Ihrer Bestandskunden.

Nachdem wir nun die wichtigsten Grundprinzipien des Unwiderstehlichen Marketing ausführlich besprochen haben, wenden wir uns dem nächsten wichtigen Thema in diesem

Zusammenhang zu: Den sieben Geboten für erfolgreiches - eben Unwiderstehliches - Marketing. Den sogenannten „Glorreichen 7“.

Kapitel 3

DIE „GLORREICHEN 7“

„Marketing ist nicht die Kunst,
clevere Wege zu finden, um das,
was man macht, loszuwerden.

Marketing ist die Kunst,
echten Wert für den Kunden zu schaffen."

Philip Kotler
Wirtschaftswissenschaftler
„Vater des modernen Marketing"

3. Die „Glorreichen 7" des Unwiderstehlichen Marketing

Bei den „Glorreichen 7" handelt es sich um grundlegende Regeln, die alle Unternehmer und Selbständigen für maximale Wirksamkeit all Ihrer Marketing-Aktivitäten befolgen sollten. Egal was Sie tun - diese 7 Gebote sollten Sie einhalten, als hätte sie jemand auf Steintafeln von einem Berg mitgebracht...

1. Unterbreiten Sie immer ein konkretes, Unwiderstehliches Angebot

In jeder Marketing-Botschaft mit dem Ziel, etwas zu verkaufen oder eine bestimmte Handlung zu bewirken - an Ihre Zielgruppe, an Interessenten oder auch an Ihre bestehenden Kunden - sollten Sie ein konkretes, spezifisches Angebot unterbreiten. Etwas, zu dem der Empfänger „Ja" sagen kann und danach die gewünschte Aktion setzt. Und wie wir bereits beim Thema Gestaltung im vorherigen Kapitel besprochen haben, auch immer nur eines, und nicht zwei oder mehrere gleichzeitig.

Egal ob I2 oder Kauf

Bei der I2 kann das ein konkretes Angebot für einen Ratgeber, ein kostenloses Beratungsgespräch, ein Online-Video etc. sein. Ein konkretes Angebot und eine konkrete Aktion, die der Empfänger Ihrer Botschaft setzen soll, um es anzunehmen.

Beim Kaufangebot ist es auch am effektivsten, sich auf ein Angebot zu konzentrieren. Bieten Sie ein Produkt, eine Dienstleistung, ein Package als Gesamtlösung an. Je konkreter und spezifischer das Angebot ist, umso besser.

Ja, natürlich können Sie trotzdem Ihren Sommerschlussverkauf, bei dem es „bis zu minus 50 % auf die Sommerkollektion" gibt, bewerben. Die gewünschte Aktion des Empfängers, sei es nun ein Besuch in Ihrem Laden, Schauraum oder des Online-Shops soll jedoch auf jeden Fall nur eine konkrete sein – nicht das Angebot, mehr Informationsmaterial über den Schlussverkauf anzufordern, oder in den Laden zu kommen, oder im Online-Shop zu stöbern, oder einen Termin mit einem Verkaufsberater zu vereinbaren.

Unwiderstehlich

Wie schon erwähnt, müssen wir unsere Angebote unwiderstehlich gestalten. Jedes Angebot muss so gut, so überzeugend und so begehrenswert sein, dass unsere Zielgruppe dumm wäre, es nicht anzunehmen (ein „No Brainer"). Der einzige Grund zu zögern kann hier nur sein, dass die Empfänger unser Angebot für „zu gut, um wahr zu sein" halten. Das müssen wir auch berücksichtigen und diesen möglichen Einwand adressieren.

Wie machen wir unser Angebot nun unwiderstehlich? Im Grunde genommen ist es relativ einfach: Wir bieten so viel Wert zu einem vergleichsweise so günstigen Preis, dass unsere Zielgruppe lieber unser Angebot als das Geld in der Tasche haben möchte.

ACHTUNG: Ich spreche hier nicht von Rabattschlachten, Preiskämpfen oder einer Positionierung als Diskont-Anbieter. Es geht nur um das Verhältnis von empfundenem Wert versus Gegenleistung in Geld. Und wir wollen bzw. müssen an der Schraube „empfundener Wert" drehen, nicht am Preis. Der empfundene Wert kann von so vielen Faktoren abhängen (vor allem emotionalen), dass er zumeist nichts mit der Kernleistung zu tun hat.

Darum ist die Abstimmung zwischen Zielgruppe und USP auch so wichtig. Nur wenn Sie die Preis-Shopper als Zielgruppe auswählen (was Sie NIEMALS tun sollten – überlassen Sie das unbedingt Ihrem Mitbewerb!), geht es hauptsächlich um den Preis.

Ansonsten können Faktoren wie Vertrauen („ich kaufe vom Experten"), Geschwindigkeit („ich brauche das am besten schon gestern"), Bequemlichkeit („ich möchte, dass Sie zu mir kommen anstatt ich zu Ihnen in den Laden") oder auch Wertschätzung („die behandeln mich wie eine Königin") sein. Und da in der Regel maximal 20 % aller Kunden ausschließlich über den Preis kaufen (zum Teil: müssen), heißt das im Umkehrschluss, dass für 80 % aller Kunden andere Faktoren wichtig sind und einen Wert darstellen, der kaufentscheidend ist.

Und genau hier müssen wir ansetzen, um ein Unwiderstehliches Angebot für unsere Zielgruppe zu entwickeln. Wenn wir die entscheidenden Benefits bieten, die für die Empfänger unseres Angebotes ausschlaggebend sind, und auch noch zusätzliche Punkte wie Garantien, Drauf-, Drein- oder Zugaben, Goodies etc. (von denen wir wissen, dass Sie die Response üblicherweise erhöhen) anbieten, dann sind wir von einem Unwiderstehlichen Angebot nicht mehr weit entfernt.

Konkrete Benefits und Ergebnis

Wir haben es bereits besprochen: Jedes Angebot muss konkret und spezifisch sein. Und auch die Benefits, die Ihre Zielgruppe mit Ihrem Angebot hätte, müssen Sie so konkret wie möglich darlegen. Je genauer der Empfänger Ihrer Marketing-Botschaft vor seinem geistigen Auge ein Bild des wünschenswerten Sollzustandes sehen kann, umso eher ist er bereit, Ihr Angebot in Anspruch zu nehmen.

Wenn Sie Ihren Kunden helfen, Geld zu sparen, dann sprechen Sie nicht von „einem stattlichen Betrag“ oder „einer ordentlichen Summe“, sondern von „Einsparungen von bis zu 37 %“.

Je konkreter, desto besser. Also auch 37 % oder sogar 37,3 % und nicht 40 %, oder € 1.254,- statt € 1.300,-. Das ist glaubwürdiger und hat in allen Tests eindeutig bessere Ergebnisse gebracht.

Gleiches gilt für alle Arten von messbaren Mengenangaben. Bei emotionalen Benefits wird die Sache etwas komplexer: Hier müssen Sie versuchen, den angestrebten Gefühlszustand so genau wie möglich auszumalen: „Stellen Sie sich Ihre innere Ruhe und das gute Gefühl vor, das Sie durch die Sicherheit, Ihre Liebsten im Ernstfall finanziell abgesichert zu haben, empfinden. Sie haben die Gewissheit, dass Ihre Familie weiterhin in der Geborgenheit ihres Eigenheims leben kann, weil Sie rechtzeitig durch die richtigen finanziellen Entscheidungen vorgesorgt haben. Auch die Ausbildung Ihrer Kinder...“. So etwa.

Die Hierarchie in der Überzeugungskraft einzelner Argumente ist:

- Features (Eigenschaften)
- Benefits (Vorteile, positive Auswirkungen)
- Ergebnisse (wie sieht das Endergebnis konkret aus)
- Transformation (der neue Istzustand des Lebens)

Ein kurzes Beispiel zur Verdeutlichung dazu: Wenn ich einen Workshop oder ein Seminar zur Gestaltung effektiver Marketing-Aktivitäten durchführe, kann ich diese Hierarchie wie folgt beschreiben.

Feature:
8 Stunden intensives Training samt individueller Unterstützung bei der Kreation eines Inserates, Folders, Mailings, etc.

Benefit:
Sie verlassen den Workshop nicht nur mit dem Wissen und Know-how, wie effektives Marketing gestaltet wird, sondern haben am Ende dieses Tages auch bereits ein fertiges Marketing-Tool in der Hand, das Sie am folgenden Tag bereits einsetzen könnten.

Ergebnis:
Von nun an können Sie alle Ihre Marketing-Aktivitäten maximal effektiv gestalten, ohne Hunderte oder Tausende von Euros für Werbeagenturen ausgeben zu müssen. Oder Sie können, wenn Sie mit Agenturen zusammenarbeiten wollen, ab sofort selbst auf den ersten Blick feststellen, ob die Agentur gute Arbeit geleistet hat oder Ihr Marketing-Budget hier nur verschwendet wird.

Transformation:
Sie werden vom Marketing-Laien zum Profi und haben de facto einen Zauberstab in der Hand, mit dem Sie durch effektives Marketing und wirksame Werbung jeden investierten Euro vervielfachen können. Fast so, als hätten Sie eine eigene Euro-Druckerpresse im Keller.
(Ein bisschen hyperbolisch, ich weiß – aber ich will hier ja einen Punkt verdeutlichen...)

Je mehr Sie das Ergebnis und die Transformation beschreiben, umso überzeugender wird Ihre Botschaft. Features und Benefits müssen allerdings auch immer enthalten sein - sonst wirken Ergebnis und Transformation nicht glaubwürdig. Das Ergebnis und die Transformation sind jedoch die stärksten Motivatoren, da sie das Bild eines gewünschten Zustandes vor dem geistigen Auge entstehen lassen, den Ihre Zielgruppe ja im Endeffekt anstrebt.

2. Geben Sie immer einen Grund, JETZT zu handeln statt später

Nummer 2 der „Glorreichen 7“ ist, den Empfängern Ihrer Marketing-Botschaft immer einen Grund zu geben, jetzt bzw. schnell zu handeln.

Wenn Ihr Angebot – egal ob zum Kauf oder zur I2 – nicht genug Response bringt, dann kann das neben der Zielgruppen-auswahl, der Marketing-Botschaft oder dem Angebot auch einfach daran liegen, dass ein guter Teil der Empfänger

a) eigentlich antworten wollte, es auf „später“ verschoben und danach darauf vergessen hat, oder

b) ein ursprünglich vorhandenes Interesse - und auch der damit verbundene Vorsatz, Ihr Angebot anzunehmen - durch irgendeinen Umstand abgeflaut ist.

Um diesen beiden Punkten zu begegnen, müssen wir den Empfängern unserer Marketing-Botschaft immer einen Grund geben, genau JETZT (bzw. sehr rasch) - und nicht irgendwann zu einem späteren Zeitpunkt - zu handeln.

Üblicherweise werden dazu zwei Elemente eingesetzt: eine Deadline oder Verknappung.

Deadline

Eine Deadline für unser Angebot ist grundsätzlich ja immer vorhanden, zumindest implizit. Wenn sich ein Interessent mit einem Angebot von vor 5 Jahren bei uns meldet, dann werden wir ihm zumeist (vorsichtig, denn wer weiß, wozu jemand fähig ist, der mit einem 5 Jahre alten Angebot überhaupt auftaucht...) beibringen, dass dieses leider nicht mehr gültig ist.

Aber hier sprechen wir von kurzen, fixen Deadlines, die zu raschem Handeln bewegen sollen. Je nachdem, wie viele Schritte Sie in Ihrer Marketing-Kampagne geplant haben, kann eine wirksame Deadline zwischen 3 Tagen und einem Monat betragen. Wobei je kürzer die Zeit bis zum Ende des Angebots ist, umso wirksamer ist die Deadline. Wenn Sie Direct Mailings einsetzen, müssen Sie allerdings bedenken, dass die Post ja auch ihre Zeit für die Zustellung benötigt und daher eine entsprechend längere Frist setzen.

Bei reiner E-Mail-Kommunikation mit Ihrer Zielgruppe sind 14 Tage das absolute Maximum. Nachdem Sie hier keinen Postweg einplanen müssen, können Sie täglich einen Reminder senden, dass das Angebot bald endet – hier können sogar 3 Tage bis zur Deadline eine effektive Frist sein.

Und bitte machen Sie nicht den Fehler, Ihre Deadline zu verstecken! Gerade auf Gutscheinen sehe ich sehr oft das Verfallsdatum in Mikroschriftgröße irgendwo ganz am Ende versteckt. So, als ob sich der Anbieter dafür geniert, dass der Gutschein nicht auch noch für die Enkelkinder des Empfängers bei ihrer Pensionierung gelten wird.

Die Deadline muss groß und prominent angebracht werden und deutlich hervorstechen – schließlich soll sie ja zu raschem, möglichst unmittelbarem Handeln bewegen!

Verknappung

Das zweite Element, die Verknappung, wird oftmals bereits eingesetzt, aber leider nicht wirksam genug. Zumeist wird aus rechtlichen Gründen der Zusatz „Angebot gültig, solange der Vorrat reicht" bei Marketing-Botschaften verwendet. Das vermittelt aber keine Dringlichkeit und hat auf die Responserate de facto keinen Einfluss.

Wenn Sie die Empfänger Ihres Angebots zu raschem Handeln bewegen wollen, dann sollten Sie konkrete Mengen angeben. „Nur 27 Stück vorrätig" ist glaubwürdig und motiviert zu schnellem Reagieren – vor allem, wenn Sie zusätzlich Motivatoren verwenden wie: „Wenn Sie Interesse an XY haben, dann handeln Sie bitte rasch! Dieses Schreiben erhalten alle meine rund 500 Stammkunden, ich habe jedoch nur noch 16 Stück auf Lager. Wenn diese 16 Stück verkauft sind, muss ich das Angebot beenden."

Am besten, Sie verwenden beides

Am besten ist natürlich, Sie verwenden sowohl eine Deadline als auch Verknappung. Die Kombination dieser beiden Punkte ist äußerst effektiv und erzeugt noch mehr Dringlichkeit als jedes dieser Elemente für sich alleine.

Gerade bei Drauf-, Drein- oder Zugaben ist die begrenzte Anzahl ein bewährtes Mittel, um zeitnahe Nachfrage zu stimulieren.

„Dieses Angebot kann ich allerdings nur bis 15. Mai 20XX aufrechterhalten. Und wenn Sie zu den ersten 23 Käufern zählen, dann bekommen Sie zusätzlich noch ein ABC im Wert von 39,- Euro PLUS ein XYZ im Wert von 47,- Euro kostenlos dazu!"

Üblicherweise erhalten Angebote auf diese Art und Weise einen deutlichen Boost in der Response.

3. Geben Sie ganz klare Anweisungen, was zu tun ist (und wie genau der Prozess aussieht)

Der dritte Punkt unserer „Glorreichen 7" des Unwiderstehlichen Marketing ist es, den Empfängern ganz klare, präzise Anweisungen zu geben, was sie als nächstes tun sollen.

So merkwürdig das klingen mag - aber wenn Sie nicht klar und deutlich zu verstehen geben, welche Handlung der Empfänger Ihrer Botschaft konkret im nächsten Schritt setzen soll, verzichten Sie auf einen guten Teil der möglichen Response.

Allzu oft werden in Flyern, Foldern, Mailings, Inseraten etc. keine oder unklare (oder sogar verwirrende) Instruktionen gegeben, was ein Interessent als Nächstes tun soll. Und ein verwirrter Kunde kauft gar nicht.

Sehen Sie sich daher jede ihrer Marketing-Botschaften auch aus dem Blickwinkel eines unbedarften Empfängers an und prüfen Sie, ob ganz klar und unmissverständlich ersichtlich ist, was genau als Nächstes bei Interesse zu tun ist.

Und bitte glauben Sie nicht, dass das mit dem Intelligenzquotienten Ihrer Zielgruppe zu tun haben muss. Selbst bei Akademikern ist eine klare Handlungsanweisung nicht nur sinnvoll, sondern auch notwendig, wenn Sie die Response maximieren wollen.

Der legendäre Marketing- und Werbeguru Gary Halbert ging sogar einmal so weit, dass er in einem Mailing folgende Anweisungen gegeben hat: „Was sollten Sie nun als Nächstes tun? Ganz einfach, gehen Sie zu Ihrem Telefon und heben Sie den Hörer ab. Bereit? Gut. Strecken Sie nun den Zeigefinger Ihrer rechten Hand aus. Und nun drücken Sie die folgenden Tasten: 5 - 5 - 5 - 3 - 7 - 9 - 1".

Und seien Sie nicht schüchtern! Fordern Sie Ihre Zielgruppe durchaus mehrmals in Ihrer Marketing-Botschaft zum sofortigen Handeln auf. Es wird nichts passieren, solange Sie nicht danach fragen.

Beschreiben Sie auch, was der Empfänger zu erwarten hat, wenn er die von Ihnen gewünschte Handlung vornimmt.

Wenn er etwas mit der Post zugesandt bekommt, dann präzisieren Sie so gut wie möglich, z. B. „Nachdem wir Ihre E-Mail bekommen haben, erhalten Sie zunächst eine Bestätigungs-E-Mail von service@meinefirma.biz zugesandt. Am nächsten Werktag werden wir Ihre Unterlagen per Post an Sie versenden und zwei bis drei Tage danach werden Sie in Ihrem Postkasten ein großes, grasgrünes Kuvert mit einem gelben Adressaufkleber vorfinden! Darin enthalten sind ...“.

Bei einem Telefonanruf könnte das etwa so lauten: „Wenn Sie unser Büro unter 01/234 56 789 anrufen, wird meine Assistentin, Frau Monika Schmid, Ihren Anruf entgegennehmen. Sie wird Ihren Namen und Ihre Adresse aufnehmen und mit Ihnen einen Termin innerhalb der nächsten 5 Werktage vereinbaren. Bitte halten Sie daher Ihren Kalender bereit, damit Frau Schmid mit Ihnen den für Sie angenehmsten Tag und die beste Zeit finden kann.“

4. Image nur als Nebeneffekt, nie als Hauptziel

Regel Nummer 4 der „Glorreichen 7“ ist, dass Imagebildung immer nur als Nebeneffekt und niemals als Hauptziel Ihres Marketing und Ihrer Werbung entsteht.

Verstehen Sie mich bitte nicht falsch: Ich bin absolut für Imagebildung und Markenbildung – ich bin nur dagegen, dafür extra zu bezahlen.

Marketing-Kampagnen zur Image- oder Markenbildung verlangen SEHR tiefe Taschen (die nur die großen Konzerne haben) und sind in Wahrheit in puncto Effektivität nicht wirklich nachvollziehbar bzw. bewertbar. Wie wollen Sie Ihre Marketing-Investitionen beurteilen und steuern, wenn Sie nach 6 Monaten Fokusgruppen oder Meinungsforschung durchführen müssen, und „eine Steigerung von 7 Prozentpunkten in der Bekanntheit" das Ergebnis ist? Waren die dafür investierten Euros gut angelegt? Welche Auswirkung hat diese Steigerung der Bekanntheit (oder das Image als „technologisch innovatives Unternehmen mit attraktiven Produkten im High-End-Sektor") auf Ihren Profit? Wie viel ist diese Veränderung in Euro für Sie wert?

Selbständige und Unternehmer können sich so etwas niemals leisten. Sie können Ihr Image und Ihre Marke als Nebenprodukt Ihres Marketing aufbauen - das funktioniert großartig und ist für EPU und KMU eine empfehlenswerte Strategie. Aber Sie sollten immer auf Response fokussieren und Aufbau und Pflege von Image bzw. Marke als Nebeneffekt begrüßen. Niemals umgekehrt.

Überlassen Sie Marketing und Werbung für Image und Marke den großen Unternehmen mit viel Zeit und tiefen Taschen voller fremdem Geld (von Aktionären, Investoren etc.).

Aber wenn SIE mit IHREM Geld nachvollziehbare Resultate mit einem messbaren Return On Investment wollen (und das sollten Sie), dann bleiben Sie bei den Prinzipien des Unwiderstehlichen Marketing mit seinem Fokus auf Response.

5. Führen Sie immer Kampagnen durch, niemals 1x-Aktionen

Der fünfte Punkt unserer „Glorreichen 7“ ist, niemals - ich betone, niemals - nur Einmal-Aktionen durchzuführen. Absolut jede Marketing-Aktion muss mehrere (zumindest drei) Schritte bzw. Stufen beinhalten.

Einer der Gründe, warum viele Selbstständige und Unternehmer bisher mit Direktmarketing oder Direct-Response-Marketing schlechte Ergebnisse eingefahren haben, ist, dass sie ihre Marketing-Aktionen nicht als mehrstufige Kampagnen aufgesetzt haben, sondern nur zum Beispiel ein einzelnes Mailing oder ein einzelnes E-Mail versandt haben.

Mehrstufige Marketing-Kampagnen funktionieren aus zwei Gründen dramatisch besser als nur Einmalaktionen. Erstens können Sie mit mehreren Stufen verhindern, dass ihre Botschaft übersehen wird und zweitens - wie bereits besprochen - vergessen wird, zu antworten bzw. zu handeln. Und, wie zuvor schon erwähnt, sollten Sie für die verschiedenen Stufen Ihrer Marketingkampagne auch verschiedene Medienkanäle benutzen. Vor allem die Kombination aus online und offline Kommunikationsschritten ist unglaublich wirksam, wenn Sie Ihrer Zielgruppe ein Angebot unterbreiten.

Am effektivsten, am einfachsten zu skalieren und am besten zu testen sind Direct Mailings und E-Mails. Aber auch Direct-Response-Inserate, Flyer, Türhänger, Facebook Ads usw. können als Medienkanäle im Rahmen einer Kampagne eingesetzt werden. Wichtig ist nur, mehrere Schritte einzuplanen und ihre Empfänger nicht nur mittels eines einzigen E-Mails, eines einzigen Mailingbriefes etc. zu kontaktieren.

Je mehr sogenannte „Touchpoints“ Sie in einer Marketingkampagne verwenden, umso größer wird ihre Response sein. Hier setzt Ihnen nur Ihre Wirtschaftlichkeitsrechnung die Grenze. E-Mails sind aber auf jeden Fall (auch wenn Sie bezüglich Effektivität deutlich einem Mailingbrief hinterherhinken) immer ein probater Weg, um de facto kostenlos zusätzliche Touchpoints in einer Kampagne zu setzen.

Nachfassen – aber wie?

Wie können Sie nun eine Kampagne – also ein Angebot samt mehrmaligem Nachfassen – gestalten? Wie sieht so etwas konkret aus?

Es gibt unzählige Möglichkeiten und Strategien, um Kampagnen zum Nachfassen zu kreieren. Eine mehrstufige E-Mail-Kampagne habe ich, wie bereits erwähnt, in meinem Blog auf christopherlaub.com ausführlich in zwei aufeinanderfolgenden Posts beschrieben.

Hier an dieser Stelle möchte ich Ihnen nun ein einfaches aber bewährtes und effektives, 3-stufiges Nachfass-Konzept vorstellen, das Sie immer und immer wieder verwenden können.

Nachfass-Schritt 1: Erinnerung und Wiederholung des Angebots

Sie nehmen Bezug auf Ihren ersten Kontakt und rufen das Angebot nochmals in Erinnerung. Sie verkaufen es nochmals, entkräften mögliche Einwände sowie Gründe, nicht zu kaufen und wiederholen den Call-To-Action. Falls nötig oder sinnvoll können Sie hier die Deadline noch verlängern.

Nachfass-Schritt 2: Erinnerung an die nahende Deadline

Sie erinnern die Empfänger an die bald endende Deadline und wiederholen nochmals die wichtigsten Punkte (Benefits) des Angebots. In diesem Schritt können Sie auch zusätzliche Bonusse und/oder alternative Zahlungsmodalitäten (z. B. Ratenzahlung) anbieten.

Nachfass-Schritt 3: Letzte Chance!

Hier geht es darum, dass dieses einmalige, großzügige und unglaubliche Angebot in Kürze ausläuft - und dann ist es für immer zu spät. Sie können nochmals alle Benefits Ihres Angebots, alle Bonusse und Zahlungsoptionen ausführlich darlegen. In diesem letzten Schritt ist Zurückhaltung eher fehl am Platz - hier können Sie durchaus aufs gute, alte „Hard Selling" zurückgreifen und alle Tricks und Kniffe aus dem Lehrbuch einsetzen.

Wenn Sie E-Mail mit in Ihre Nachfass-Kampagne integrieren, dann können Sie ruhig mehrere Touchpoints pro Schritt verwenden, Sie können auch noch zusätzliche Schritte einbauen - es ist immer möglich, das Angebot aus anderen Blickwinkeln anzupreisen, andere Zahlungsmodalitäten oder erweiterte Garantien anzubieten oder auch weitere Drauf-, Drein- oder Zugaben bzw. Goodies zu inkludieren.

Beispiel aus der Praxis:

Wie wichtig das Nachfassen bei Direct Mailings für den Erfolg des Marketing sein kann, hat der Betreiber zweier Herrenmode-Geschäfte, Wilhelm Glaser*, erlebt. Er war schon einige Jahre zuvor in das Unternehmen seines Vaters eingestiegen, als er begann, die Strategien, die Sie im Unwiderstehlichen Marketing finden, anzuwenden. Die Glasers waren grundsätzlich bereits eifrige Marketer, und so war der Umsatz in all den Jahren zwar stetig, aber nur im unteren einstelligen Prozentbereich gestiegen (was allerdings bereits in einer Branche, wo die kleinen Einzelunternehmer immer mehr von den großen Ketten verdrängt wurden, eine Riesen-Leistung war).

Mailings waren immer schon ein wichtiger Pfeiler in ihrem Marketing-Köcher, aber es waren bis dahin immer nur einmalige Aktionen gewesen. Nunmehr wollte Wilhelm Glaser Mailing-Kampagnen mit mehreren Nachfass-Schritten einsetzen.

Die Reaktion seines Vaters pendelte zwischen Zweifel und Verständnislosigkeit – warum sollte man ein Mailing nochmals an jemanden schicken, der bereits durch sein Nicht-Antworten gezeigt hatte, dass es ihn nicht interessierte? Aber er ließ seinen Sohn gewähren.

Und siehe da! Die Ergebnisse und der Return-On-Investment verbesserten sich drastisch.

Zusammen mit einigen anderen Strategien und Taktiken gelang es Wilhelm Glaser auf diese Weise, seinen Umsatz im ersten Jahr um 37 %, und im Jahr darauf nochmals um 31 % zu steigern.

*Name geändert

6. Nachverfolgen, Messen, Bewerten und Adaptieren

Um tatsächlich Marketing*kosten* in Marketing*investitionen* zu verwandeln und Profite durch ihr Marketing zu generieren, müssen Sie in Zukunft jeden Euro, den Sie in Marketing und Werbung stecken, nachverfolgen und seine Effektivität (den Return-On-Investment) messen. Das ist Punkt sechs der „Glorreichen 7" des Unwiderstehlichen Marketing.

Vor allem im Social Media Bereich sollten Sie Messgrößen wie Likes, Shares, Reichweite und Views vergessen. Alles was zählt, ist, wie viel Profit jeder Euro, den Sie investieren, wieder in Ihre Kasse spült. Mit Likes und Ähnlichem können Sie keine Rechnungen und auch keine Gehälter zahlen.

Also müssen Sie all ihre Marketing- und Werbeaktivitäten derart gestalten, dass Sie nachverfolgen, messen und bewerten können, welchen Return-On-Investment Sie im Endeffekt für Ihr Unternehmen erwirtschaften. Bei der I2 muss klar ersichtlich sein, welcher Interessent, durch welchen Schritt, in welcher Marketing-Kampagne zur Antwort bewogen wurde.

Bei jedem Angebot müssen Sie das ebenfalls nachvollziehen können. Nur so können Sie anhand harter Fakten beurteilen, welche Kampagnen, welche Angebote, welche Medienkanäle bei welcher ihrer Zielgruppen die besten Ergebnisse bringen.

Das ist auch der Grund, warum sie immer ein konkretes Angebot und einen Weg, auf dem ihre Empfänger antworten können, benötigen. Sie brauchen immer eine Response-Möglichkeit – in all Ihren Marketing-Kommunikationen. Nur auf diese Art und Weise können Sie nachvollziehbare und messbare Ergebnisse erzielen, deren Effektivität Sie danach bewerten können.

Testen, testen, testen

In diesem Zusammenhang ist ein weiterer wesentlicher Punkt, dass Sie nur auf diese Art und Weise verschiedene Angebote, verschiedene Preise, verschiedene Medienkanäle und auch verschiedene Gestaltungsansätze Ihrer Marketing-Aktivitäten testen können.

Grundsätzlich sollten Sie immer - wenn ihre Zielgruppe groß genug ist - ihre Kampagnen an einer Teilmenge ihres geplanten Empfängerkreises testen. Erst wenn die Ergebnisse dieses Tests zufriedenstellend sind, sollten Sie die Kampagne auf die gesamte Zielgruppe ausdehnen. Aber auch bei gut funktionierenden Kampagnen, die befriedigende Resultate bringen, sollten Sie immer wieder die einzelnen Schritte neu überarbeiten und bei einem Teil der Zielgruppe testen, ob die überarbeitete Version bessere Ergebnisse als bisher einfährt. Wenn ja, dann verwenden Sie die neue, wenn nicht, die ursprüngliche Version.

7. Nur die Ergebnisse zählen

Nummer sieben der „Glorreichen 7“ ist die Regel, dass ausschließlich die Fakten und die Resultate zählen. Nur sie bestimmen unsere Vorgehensweise - und sonst nichts und niemand.

Meinungen

Was auf keinen Fall zählen darf, sind vereinzelte Meinungen - egal, von wem sie stammen. Weder die Meinung Ihres

Geschäftspartners, Ihrer Angestellten, Ihrer besseren Hälfte und nicht einmal Ihre eigene darf zählen. Eine Meinung ist genau das: eine Meinung. Sie ist kein Faktum, kein Resultat und schon gar kein Euro Profit.

Im Unwiderstehlichen Marketing dürfen wir uns einzig und allein danach richten, was tatsächlich funktioniert und uns den höchsten Return-On-Investment für jeden investierten Marketing-Euro erwirtschaftet. Ob es irgendjemand, der uns mehr oder weniger nahe steht, attraktiv oder clever oder seriös genug findet, ist nebensächlich. Solange unsere Zielgruppe entsprechend reagiert und unsere Marketing-Aktivitäten zufriedenstellende Response bzw. Profit einfahren, müssen wir alle Meinungen (wie gesagt: auch unsere eigene) ignorieren.

Unsere eigenen Einstellungen, unsere Vorlieben und Abneigungen verleiten uns oftmals dazu, Mutmaßungen und Einschätzungen über unsere Zielgruppe anzustellen. Und die sind, wie die Vergangenheit immer und immer wieder gezeigt hat, im größten Teil der Fälle vollkommen falsch.

Selbst die erfahrensten Profis, die bereits seit Jahrzehnten als Werbefachleute, Marketingberater und Texter im Geschäft sind, liegen bei Split Tests (wo zwei verschiedene Versionen von Angeboten oder Gestaltungsvarianten gegeneinander getestet werden) mit Vorhersagen, welche der beiden erfolgreicher sein wird, regelmäßig völlig daneben. Daher ist auch das Testen so wichtig – wir können einfach nicht wissen, was bei unserer Zielgruppe am besten ankommt.

Alles was wir einsetzen können, sind die Erfahrungen bei ähnlich gelagerten Problemstellungen, die bereits in der Vergangenheit von anderen gemacht wurden. Wir arbeiten mit Wahrscheinlichkeiten in der Gestaltung unsere Marketing-

Aktionen und danach testen wir. Und mit den Ergebnissen dieser Tests überarbeiten wir unsere Aktionen und testen Sie nochmals – so lange, bis die Tests befriedigende Ergebnisse liefern. Erst dann rollen wir die Kampagne ganz aus.

Wir wissen zum Beispiel aus zahllosen Tests aus allen Branchen in aller Welt, dass für Selbstständige und KMU die Ergebnisse Ihrer Marketing-Aktionen besser werden, wenn sie etwas „handgestrickt" aussehen und nicht so aalglatt wie die Werbung der großen Konzerne.

Das heißt jetzt nicht, dass Ihr Marketing und Ihre Werbung dilettantisch wirken dürfen. Aber der perfekte Look eines Konzernmailings ist bei Ihnen wirklich nicht nötig – und wie gesagt, zumeist auch weniger wirksam.

Seien Sie auffällig in Ihrem Marketing – Sie müssen ja aus der Werbeflut und dem Marketing-Geschrei herausstechen und erst einmal wahrgenommen werden.

In diesem Zusammenhang höre ich auf Seminaren oder von Klienten immer wieder den Einwand, dass man doch ein professionelles Image transportieren möchte. Vor allem Anwälte, Tierärzte und Anbieter im Premium-Segment aller Branchen haben diesbezüglich Bedenken.

Ich kann nur wiederholen: Tests haben immer wieder bestätigt, dass in den meisten Fällen – und eben auch bei „vornehmen" oder wohlhabenden Zielgruppen – der persönliche, aber auffällige Touch mehr Response bewirkt. Menschen kaufen von Menschen, und wenn wir in unseren Marketing-Aktivitäten durch Gestaltung und Sprache „menscheln", dann ist das üblicherweise vorteilhaft.

So, das waren sie, die „Glorreichen 7“ des Unwiderstehlichen Marketing. Hier nochmals zur Übersicht für Sie:

Die „Glorreichen 7“ des Unwiderstehlichen Marketing

1. Es gibt immer ein konkretes Angebot – in jeder Marketing-Kommunikation.
2. Es existiert immer ein Grund, am besten sofort zu handeln statt später.
3. Sie geben ganz klare Anweisungen, was der nächste Schritt sein soll.
4. Image entsteht ausschließlich als Nebeneffekt, es ist niemals der Hauptzweck.
5. Sie führen immer Kampagnen (mit mindestens 3 Schritten) durch, nie Einmal-Aktionen.
6. Es gibt immer Response-Möglichkeiten, um die Ergebnisse nachzuverfolgen und messen zu können.
7. Nur die Ergebnisse zählen.

Nochmals, zur Betonung: Diese Grundregeln sind nicht willkürlich entstanden, sondern haben sich als die wichtigsten Basiselemente erfolgreichen Marketings in den vergangenen Jahrzehnten herauskristallisiert. Sie galten vor 100 Jahren, und sie gelten auch heute noch. *Wie gesagt: There's nothing new under the sun...*

Kapitel 4

DAS UNWIDERSTEHLICHE MARKETING SYSTEM

„Schieben Sie die Schuld nicht auf die Marketing-Abteilung. Die Verantwortung liegt beim Chef."

John D. Rockefeller
US-Industrieller, erster Milliardär der Welt,
der reichste Mensch der Neuzeit

4. Das Unwiderstehliche Marketing SYSTEM

Lassen Sie uns nun gemeinsam ansehen, wie das Unwiderstehliche Marketing System (UWMS) in der Praxis funktioniert. Nach den Fehlern, die leider allzu oft gemacht werden und den grundlegenden Regeln, den „Glorreichen 7“, kommen wir nun zu der konkreten Ausgestaltung des Unwiderstehlichen Marketing.

Was sind die Punkte, die Sie in Ihrem Marketing-Alltag beachten müssen, wenn Sie Unwiderstehliches Marketing für Ihr Unternehmen einsetzen wollen?

Die 3 Schritte zu mehr Profit

Das UWMS ist, wie der Name schon sagt, ein systematischer Zugang zum Thema Marketing. Daher gehen wir auch – Überraschung – systematisch in der Betrachtung unserer Möglichkeiten und potenziellen Maßnahmen vor.

Zunächst müssen Sie sich einmal bewusst werden, dass Ihre Kernaufgabe als Unternehmer oder Selbständiger nicht – wie bereits zu Beginn ausgeführt – die Leistung, die Sie verrechnen, ist. Die können Sie delegieren. So wie Elon Musk nicht selbst am Tesla in der Produktion herumschraubt oder Mark Zuckerberg die Algorithmen von Facebook programmiert.

Ihre Hauptaufgabe ist das Marketing. Denn ohne Marketing keine Nachfrage, und ohne Nachfrage kein Unternehmen. Der beste Tischler, Versicherungsmakler oder Tierarzt ist dies nicht lange ohne entsprechende Nachfrage.

Schon der wohl bekannteste Ökonom und Wirtschaftsforscher des 20. Jahrhunderts, Peter Drucker, sagte: *„Der Zweck eines Unternehmens ist es, Kunden zu generieren.“* Und daher wären *„die einzigen beiden Funktionen eines Unternehmens Marketing und Innovation. Nur sie produzieren Ergebnisse. Alles andere sind Kosten.“*

Dem habe ich in meiner mir eigenen Bescheidenheit nichts hinzuzufügen...

Wenn wir Kunden für unser Unternehmen generieren und mehr Umsatz/Profit erwirtschaften wollen, dann können wir diesen Prozess grundsätzlich in 3 Schritte aufgliedern.

1. Interessenten identifizieren

Im ersten Schritt müssen wir jene Menschen ansprechen, von denen wir vermuten, dass sie grundsätzlichen Bedarf und Interesse an unserem Angebot haben – unsere Zielgruppe. Wir wollen innerhalb unserer Zielgruppe Personen mit tatsächlichem Interesse identifizieren und mit Ihnen in einen Dialog treten, um sie im Kaufprozess soweit zu begleiten, dass wir bei der Entscheidung zum Kauf die logische Lösung darstellen. Wie gesagt, nur etwa 5 % aller potenziellen Kunden sind auch gerade JETZT bereit, die Kaufentscheidung zu treffen...

2. Interessenten zu Kunden konvertieren

Das ist danach der zweite Schritt. Durch Informationen und laufende Kommunikation samt immer wieder unterbreiteten

Angeboten wollen wir diese Interessenten, wenn sie zum Kauf bereit sind, zu Kunden unseres Unternehmens konvertieren. Wir begleiten sie durch den Kauf- und Entscheidungsprozess bis zur tatsächlichen Transaktion.

3. Kunden halten und zu Stammkunden entwickeln – das volle Potenzial nutzen

Der profitabelste Teil kommt aber erst noch: Nachdem wir einen Interessenten zum Kunden konvertiert haben, ist der schwerste (und finanziell aufwändigste!) Teil geschafft. Nun hat diese Person Vertrauen in uns, sie kennt uns, sie weiß unsere Leistung zu schätzen (erst JETZT kommt die Qualität Ihrer Leistung ins Spiel) und es bedarf viel weniger Überzeugungsaufwand, weitere Produkte oder Dienstleistungen an sie zu verkaufen. Wir wollen diese Menschen so begeistern, dass sie immer wieder bei uns kaufen und uns weiterempfehlen.

Diese 3 Schritte sind zunächst unsere Hauptaufgabe, um Kunden für unser Unternehmen zu gewinnen und zu weiterzuentwickeln.

Vier Wege zu Wachstum

Der zweite systematische Blickwinkel, aus dem heraus wir im UWMS immer wieder unser Unternehmen und unser Marketing betrachten, ist, auf welchen Wegen wir eigentlich mehr Umsatz für unser Unternehmen erwirtschaften können.

Und es hat sich in der Vergangenheit bewährt, immer von den grundlegenden VIER (ja, es sind tatsächlich nicht mehr) Wegen, mehr Umsatz zu generieren, auszugehen.

Diese vier Wege zu mehr Umsatz sind:

- **Mehr Neukunden zu akquirieren.**
- **Mehr Profit pro Kauf zu generieren.**
- **Die Kauffrequenz pro Kunde pro Jahr zu steigern.**
- **Kunden länger zu halten.**

Wenn wir immer und immer wieder von diesen vier Wegen ausgehend unser Unternehmen und unser Marketing betrachten, werden wir strategische Möglichkeiten und potenzielle Marketing-Maßnahmen deutlich einfacher und schneller identifizieren (und umsetzen).

Für jeden dieser vier Wege gibt es wiederum zahlreiche Möglichkeiten, sie zu beschreiten - das würde aber den Rahmen dieses Buches bei Weitem sprengen.

Das Wesentliche ist jedoch, zu erkennen, dass wir nicht nur durch Neukunden-Akquise mehr Umsatz machen können, sondern vor allem unsere bereits bestehenden Kunden über ihre gesamte Beziehungsdauer mit uns einen Wert haben, den wir mit entsprechendem Marketing beeinflussen können.

Wir haben zu Beginn von Kapitel 2 bereits darüber gesprochen - aber dieses Prinzip ist so wichtig, dass ich es hier nochmals ausführlich behandeln will.

Der sogenannte Kundenbeziehungswert, also der Wert, den ein Kunde in Summe für uns darstellt, berechnet sich aus:

Durchschnittlicher Profit pro Kauf x durchschnittliche Zahl der Käufe pro Jahr x durchschnittliche Zahl der Jahre als Kunde.

Diesen durchschnittlichen Kundenbeziehungswert müssen Sie kennen. Dann können Sie informierte Entscheidungen treffen, wie viel Sie in die Gewinnung eines Neukunden investieren können und wollen. Und nur so können Sie auch mit gezieltem Marketing die Zahl der Käufe, die Umsatzhöhe (und den Gewinn) pro Kauf und die Dauer der Kundenbeziehung beeinflussen und danach messen, ob Sie erfolgreich waren.

Wenn Sie den durchschnittlichen Kundenbeziehungswert Ihrer Kunden ermitteln, dann bleiben Sie unbedingt auf der konservativen Seite. Das sollten Sie grundsätzlich bei allen Ihren Marketing-Berechnungen bleiben. Wenn Sie mit den Worst-Case-Zahlen arbeiten, dann können Sie maximal positiv überrascht werden, aber wenn Sie zu optimistische Zahlen verwenden, können Sie im schlimmsten Fall Bankrott gehen.

Zusätzlich sollten Sie auch wissen, wie viel ein neuer Kunde durchschnittlich im ersten Jahr an Profit für Ihr Unternehmen bringt. So können Sie für die Neukundengewinnung sogar mehr investieren, als Sie bei der ersten Transaktion wieder an Profit generieren, da Sie dann wissen, dass sich im Laufe des ersten Jahres die Investitionen für die Neukunde-Akquise im Durchschnitt wieder amortisieren werden.

Rechnen wir ein Beispiel:
Nehmen wir an, Sie durchforsten Ihre Kundendatenbank und erhalten dadurch folgende Informationen: Ihr durchschnittlicher Kunde kauft bei Ihnen etwa 3 Jahre lang, bis er inaktiv wird. Dabei machen Sie im ersten Jahr im Schnitt € 500,- Profit (davon € 150,- beim ersten Kauf), im zweiten Jahr im Schnitt € 650,- und im dritten Jahr € 550,-. In Summe ist ein Kunde also in den drei Jahren der Kundenbeziehung durchschnittlich € 1.700,- für Sie wert.

Jetzt sind Sie wie empfohlen konservativ und rechnen mit folgenden Zahlen: Im ersten Jahr € 400,-, im zweiten Jahr € 500,- und im dritten Jahr auch € 500,- Euro Profit pro Kunde - also € 1.400,- in drei Jahren.

Damit könnten Sie zum Beispiel € 400,- pro Kunde für die Neukundengewinnung investieren und stünden im ersten Jahr noch immer durchschnittlich mit einer schwarzen Null da.

Wenn Ihr Mitbewerb, der diese Gesamtrechnung nicht anstellt und nur auf die erste Transaktion fokussiert ist, nun im Schnitt etwa 100,- pro Neukunde in die Akquise investiert, dann haben Sie einen Riesen-Vorteil. Sie können viermal so viel Geld in die Neukundengewinnung stecken - wer wird da wohl erfolgreicher sein?

Achtung: Das ist kein theoretisches Beispiel. Die erfolgreichsten Unternehmen aller Branchen berechnen auf diese Weise ihre möglichen Investments in die Neukundengewinnung und haben dadurch gegenüber der Konkurrenz die Nase vorn.

In der Praxis stelle ich bei meinen Beratungstagen immer wieder drei Punkte fest:

1. Meine Klienten kennen den Kundenbeziehungswert nicht.

2. Meine Klienten kennen Ihre Kosten pro Neukunden-Akquise nicht.

3. Meine Klienten sind nach Berechnung von 1 und 2 überrascht, wie viel sie investieren könnten vs. wie viel sie wirklich investieren.

Und leider auch:
4. Meine Klienten sind überrascht, wie viel sie in die Neukundengewinnung durch sub-optimales Marketing investieren und wie viel Geld sie danach auf dem Tisch liegen lassen, weil sie sich nahezu ausschließlich auf die Neukunden-Akquise konzentrieren und zu wenig auf die Folgekäufe bereits bestehender Kunden bzw. die Ausschöpfung des vollen Potenzials jedes Kunden achten.

Kundendatenbank

Hier kommen wir auch zu der bereits öfter erwähnten Kundendatenbank.

Eine Kundendatenbank ist das Um und Auf im Unwiderstehlichen Marketing. Nur so können wir die wichtigsten Kennzahlen errechnen (vor allem den Kundenbeziehungswert), unsere Kunden segmentieren und differenziert ansprechen sowie die wichtigsten Informationen zur Beziehungspflege erfassen.

Sie benötigen zur maximalen Ausschöpfung Ihres Marketing-Potenzials nicht nur Aufzeichnungen darüber, wer was, wann, um wie viel gekauft hat. Das ist lediglich die Basis, die Sie ohnehin benötigen, wenn Sie erfolgreich ein Unternehmen führen wollen. Damit können Sie zwar auch schon viel erreichen, aber je mehr Informationen Sie über Ihre Interessenten (!) und Kunden haben, umso effektiver wird Ihr Marketing und umso höher werden Ihre Umsätze sein.

Wenn Sie bisher den Aufbau einer Kundendatenbank vernachlässigt haben, dann bitte ich Sie dringend, das so schnell wie möglich nachzuholen.

Je mehr Informationen Sie über Ihre Interessenten und Kunden zu geografischen, demografischen und psychografischen Merkmalen (siehe den Abschnitt „Zielgruppe“) haben, umso effektiver können Sie sie ansprechen, umso idealer kann Ihr „Unwiderstehliches Angebot“ auf ihren Leib geschneidert werden und umso größer wird der Erfolg all Ihrer Marketing-Aktivitäten sein.

Legendär ist inzwischen das Kundenprofil des Unternehmers Harvey Mackay, der von jedem seiner (potenziellen) Kunden 66 Informationen haben wollte, die seine Mitarbeiter im Kundendatenblatt vermerken sollten (Sie können nach „The Mackay 66“ im Internet suchen und werden fündig werden).

Sie benötigen nicht eine solche Maximalvariante für Ihr Unternehmen – aber schaden könnte es auch nicht...

Beispiel aus der Praxis:

Barbara Auer* kannte den Wert einer Kundendatenbank. Sie hatte – ohne jegliche Gastronomie-Erfahrung – mit einem Partner ein großes japanisches Restaurant eröffnet. Ihr Job war das Marketing, und darin hatte sie sehr wohl bereits Erfahrung. Und sie begann ab Tag 1 damit, ihre Kundendatenbank aufzubauen. Nach 5 Jahren, als sie und ihr Partner das Lokal verkauften, war die Kundendatenbank auf 63.000 (!) Personen angewachsen. Dieser Kundenstamm (und der regelmäßige Einsatz von spezifischen Marketing-Aktionen für einzelne Segmente dieser Kunden) war auch der Grund, warum das Lokal hochprofitabel war und sie einen außerordentlich hohen Verkaufspreis erzielen konnten – diese Kunden-Daten waren für den Käufer Goldes wert.

*Name geändert

Gut, Sie kennen nun die zwei grundsätzlichen, systematischen Betrachtungsweisen im Unwiderstehlichen Marketing, von denen ausgehend wir unsere Marketing-Aktivitäten strategisch planen, gestalten und durchführen:

Interessenten Identifizieren (I2) - zu Kunden konvertieren - das volle Potenzial ausschöpfen,

sowie

Mehr Neukunden gewinnen - Profit pro Transaktion steigern - Zahl der Transaktionen pro Jahr erhöhen - Kunden länger halten.

Kommen wir nun zu den einzelnen Phasen der Identifikation von Interessenten, deren Konvertierung zu Kunden und ihrer Kultivierung und Entwicklung während der Kundenbeziehungsdauer.

Das SYSTEM

Dieses System hat sich in der Praxis in den vergangenen Jahrzehnten immer und immer wieder bewährt und wird auch heute mit großem Erfolg von Unternehmern und Selbständigen aller Branchen eingesetzt.

Es ist für alle Leser dieses Buches - ja, auch für SIE - bestens geeignet, um ein Marketing-System in ihrem Unternehmen einzurichten, das 24 Stunden am Tag, 365 Tage im Jahr zuverlässig im Hintergrund läuft und Ihnen effektiv hilft, Ihre Ziele zu erreichen.

Wenn Sie bereits Erfahrungen mit Onlinemarketing gemacht haben, dann werden Sie den Prozess der Interessenten-Identifikation und der nachfolgenden Konvertierung zu Kunden durch systematisches Nachfassen vielleicht schon kennen. Aufgrund der technischen Möglichkeiten ist es in diesem Bereich vergleichsweise einfach, die nötigen Prozesse automatisiert ablaufen zu lassen. Daher hat sich im Onlinemarketing jetzt als Standard etabliert, was seit Jahrzehnten offline von den Direktmarketing-Profis gemacht wird.

Witzigerweise glauben die meisten (nahezu immer unter 30-jährigen) „Online-Marketing-Experten", dass diese Strategien, Konzepte und Methoden neu wären. Alte Hasen wie ich, die sich seit Jahrzehnten mit diesen Themen beschäftigen (zum Teil länger, als diese „Online Experten" überhaupt auf der Welt sind), müssen darüber schmunzeln.

Interessenten-Identifikation (I2)

Hier geht es darum, wie Sie Personen, die den Kriterien Ihrer zuvor definierten Zielgruppe entsprechen, kontaktieren und sie dazu bewegen, „die Hand zu heben" und damit zu zeigen, dass sie ein Problem haben, das Sie mit Ihrem Angebot lösen können bzw. dass sie Interesse an einem Thema haben, für das Sie ein Produkt/eine Dienstleistung anbieten.

„Pull" statt „Push"

Die Prinzipien hier entsprechen dem sogenannten „Pull-Marketing", wo wir unserer Zielgruppe das Gefühl geben wollen, sie hätten uns entdeckt und aus freien Stücken kontaktiert (im Gegensatz zum „Push-Marketing“, wo unsere Zielgruppe das Gefühl hat, wir verfolgen sie und wollen ihr etwas aufdrängen).

Pull-Marketing ist dramatisch effektiver - aber dafür auch etwas aufwendiger. Der erhöhte Aufwand ist aber auf jeden Fall angesichts der Überlegenheit gegenüber Push-Marketing gerechtfertigt - vor allem in wirtschaftlicher Hinsicht (sprich: Profit).

Der Prozess der I2

Der Prozess der Interessenten-Identifikation (I2) kann ganz einfach dargestellt werden:

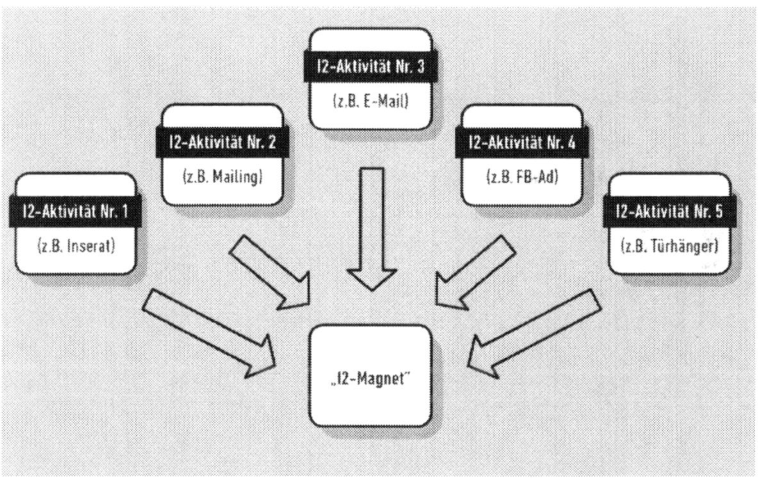

Über so viele Medienkanäle wie möglich (je nach Ihrer Wirtschaftlichkeitsrechnung) versuchen wir, unsere Zielgruppe zu erreichen. Das können Inserate in Zeitungen und

Zeitschriften, Direct Mailings in Form von Briefen oder Postkarten, Radiospots im Regionalradio, Pay-Per-Click-Anzeigen, E-Mails, Türhänger, Plakatwände etc. sein.

Dort unterbreiten wir unserer Zielgruppe das Angebot, mit uns Kontakt aufzunehmen und unseren „I2-Magneten" anzufordern. Dieser I2-Magnet ist ein Angebot, das jene Personen mit einem spezifischen Problem, Interesse etc. dazu bewegen soll, aus der Masse der Zielgruppe hervorzutreten und sich als Interessenten zu „outen". Diese Personen sollen unseren I2-Magneten anfordern und uns dafür ihre Kontaktdaten zur Verfügung stellen.

Üblicherweise enthält der I2-Magnet Informationen zu einem Problem oder Interessensgebiet, das Ihre Zielgruppe bewegt. Das kann ein Online-Video genauso sein wie eine Info-Broschüre. Diese Informationen stehen logischerweise in Zusammenhang mit Ihrem Produkt/Service und indem Sie diese Infos anbieten und im Austausch dafür die Kontaktdaten (samt Erlaubnis, sie auch weiterhin zu verwenden) bekommen, können Sie nun mit diesen Interessenten in einen Dialog treten.

Dieser Dialog hat mehrere Zwecke:

1. Soll er Sie positionieren: Weg vom Verkäufer, hin zum Berater, Experten etc. (dadurch sinkt übrigens auch in vielen Fällen die Preissensibilität Ihrer Zielgruppe)

2. Soll er den Interessenten, der derzeit noch nicht bereit zum Kauf ist, durch den Kaufprozess begleiten bis er bereit zur Entscheidung ist.

3. Soll er den Aufbau einer Beziehung zwischen Ihnen und Ihren Interessenten ermöglichen und fördern, was per se alleine bereits oft eine Präferenz für Sie und Ihr Angebot schaffen kann.

4. Soll er die Kaufkriterien Ihrer Interessenten beeinflussen, sodass Sie bzw. Ihr Angebot möglichst die einzig logische Lösung für deren Problem darstellen. *(ACHTUNG: Beeinflussen bedeutet nicht lügen oder betrügen! Ich bin ein absoluter Verfechter von Ethik im Geschäftsleben. Aber man kann das Augenmerk auf gewisse Punkte lenken, die für Ihre Zielgruppe vorteilhaft sind und die Ihre Konkurrenz nicht oder so nicht anbietet).*

I2-Magnet

Was können Sie nun alles als I2-Magnet anbieten?

Alles, was in Zusammenhang mit dem Problem bzw. dem Bedürfnis Ihrer Zielgruppe, das Sie lösen bzw. erfüllen können, steht und diesen Personen einen deutlichen Wert bietet.
Wie gesagt, zumeist sind es Informationen, am besten noch mit einem kleinen Goodie als „Dankeschön" fürs Anfordern. Es können auch Warenproben dabei sein, falls das in Ihrem Fall Sinn macht. Auf jeden Fall muss bereits der I2-Magnet ein wirklich attraktives Angebot sein, bei dem Ihre Zielgruppe denkt „Da wäre ich ja dumm, das nicht anzufordern".

Inhalte

Als I2-Magnet können Sie jede Art von Information anbieten, die für Ihre Zielgruppe einen Wert darstellt. Das können

Checklisten, Anleitungen, Tipps & Tricks, etc. sein. Sie können die verschiedenen Möglichkeiten, mit denen das Problem Ihrer Zielgruppe zu lösen wäre, mit den jeweiligen Vor- und Nachteilen beleuchten oder auch vertiefende allgemeine Informationen rund um das Problem/das Interesse Ihrer idealen Kunden anbieten.

Ein paar Beispiele aus der Praxis:

Ein Immobilienmakler bietet ein kostenloses, zweistündiges Kompakt-Seminar an zum Thema „10 einfache Strategien, wie Sie für Ihre Immobilie einen Top-Preis erzielen können".

Ein Physiotherapeut bietet einen Gratis-Ratgeber mit dem Titel: „7 natürliche Wege, um Nacken- und Schulterschmerzen zu behandeln".

Ein Rechtsanwalt bietet eine Checkliste an: „12 Punkte, die Sie bei einem Immobilien-Kaufvertrag unbedingt beachten sollten".

Ein Versicherungsmakler bietet ein Online-Video zum Thema: „Private Altersvorsorge ab 45: So holen Sie sich als Späteinsteiger die maximale Privatpension".

Ein Installateur bietet einen Info-Abend zum Thema „Einfache Wartungsarbeiten im Haus selbst durchführen und damit teuren Schäden vorbeugen".

Die Möglichkeiten sind hier nahezu unbegrenzt. Die einzige Voraussetzung ist, dass die angebotenen Informationen für Ihre Zielgruppe von so hohem Wert sind, dass die Menschen Ihnen dafür ihre Kontaktdaten und die Einwilligung zum Dialog geben wollen.

Sie werden wahrscheinlich nicht sofort beim ersten Mal den Nagel auf den Kopf treffen – aber bleiben Sie dran und testen Sie! Diese Methode der Interessenten-Identifikation ist nach wie vor das effektivste Mittel, um in größerem Rahmen kostengünstig an die Kontaktdaten potenzieller Kunden zu gelangen und die Möglichkeit (und Erlaubnis) zu bekommen, mit ihnen zu kommunizieren.

Regeln für die Erstellung

Bei der Erstellung Ihres I2-Magneten sollten Sie einige Regeln beachten, um Ihre Erfolgsaussichten zu maximieren.

Sehen wir uns zuvor noch kurz die Ziele an, die Sie mit Ihrem I2-Magneten verfolgen, um daraus die Tipps für die Gestaltung ableiten zu können.

Ihr I2-Magnet soll

1. So attraktiv für Ihre Zielgruppe sein, dass er die Response auf Ihre Marketing-Aktivitäten zur I2 so stark wie möglich unterstützt.

2. Das Problem/den Wunsch Ihrer Zielgruppe bestätigen und die negativen Konsequenzen, die eintreten, wenn das Problem nicht gelöst bzw. der Wunsch nicht erfüllt wird, verdeutlichen und betonen.

3. Sie und Ihr Angebot als Lösung etablieren.

4. Sowohl Ihre Expertise als auch Ihre persönliche Empathie (wesentlich!) verdeutlichen.

5. Sie und Ihr Angebot als logische, einzig sinnvolle Lösung zu positionieren, damit

6. Ihre Interessenten bereits mit der grundsätzlichen Absicht, mit Ihnen ins Geschäft zu kommen, Sie anrufen, aufsuchen etc.

Klingt schwierig? Ist es auch (aber nur ein bisschen) - doch es zahlt sich aus! Ich will Ihnen hier nicht - so wie viele andere „Experten“ - vortäuschen, dass alles super-easy und vollkommen einfach ist. Nichts im Leben, das von Wert ist, ist einfach zu erreichen.

Wenn Sie jedoch einmal die Arbeit in einen effektiven I2-Magneten gesteckt haben, können Sie Monate und Jahre davon profitieren und müssen keine (oder von Zeit zu Zeit nur geringe) Adaptionen vornehmen. Es lohnt sich auf jeden Fall.

Beachten Sie bei der Erstellung Ihres I2-Magneten folgende Regeln:

Behalten Sie das Ziel vor Augen (Anruf, Besuch, Kauf)
Bei der Gestaltung Ihres I2-Magneten sollten Sie immer das EINE Ziel, die EINE Handlung, die Ihre Interessenten nach dem Konsum der Information vornehmen sollen, denken. Alles soll darauf hinauslaufen, dass die Menschen am Ende eine bestimmte Aktion setzen - Sie anrufen und einen Termin vereinbaren, in Ihren Schauraum kommen, einen Fragebogen ausfüllen und an Sie senden etc. Und so sollte demnach auch der Aufbau und die Gestaltung Ihres I2-Magneten dieses Ziel unterstützen und Ihre Interessenten sanft, aber zielsicher dorthin lotsen.

Geben Sie ihm einen griffigen Titel

Wie bei Büchern und Filmen ist auch hier oftmals der Titel ein wesentlicher Erfolgsfaktor. Ein ansprechender Titel soll Interesse und Neugierde wecken und die Menschen dazu bewegen, Ihren I2-Magneten anzufordern. Wenn Sie auf der Suche nach Inspiration betreffend eines guten Titels sind, dann kaufen Sie sich einfach einige Zeitschriften wie Men's Health, Woman, Bild der Frau und ähnliche. Dort finden Sie auf dem Cover griffige Headlines, deren Struktur Sie zum Vorbild für den Titel Ihres I2-Magneten nehmen können.

Vermeiden Sie Wir-itis

Eine Falle, in die leider viele Unternehmer und Selbständige tappen, wenn sie mit ihrer Zielgruppe kommunizieren, ist der Fokus auf sich selbst und das Unternehmen (Wir-itis) anstatt auf den potenziellen Kunden, seine Bedürfnisse und seine Vorteile. „WIR sind seit über 70 Jahren...", „WIR bieten...", „WIR sind/haben...". Sprechen Sie weniger über sich und mehr über Ihre Interessenten. Sprechen Sie von deren Problemen, Wünschen, Sorgen, Bedürfnissen und den Lösungen, die Sie dafür anbieten. Sprechen Sie von den positiven Aspekten und Konsequenzen für Ihre Zielgruppe, wenn sie Ihr Angebot wahrnimmt. Sprechen Sie von den Benefits, die nur Sie bieten und was sie für die Menschen bedeuten, welche Auswirkungen sie haben. Und ja, natürlich sollen Sie auch sich selbst in einem möglichst guten Licht präsentieren. Aber das Hauptthema Ihres I2-Magneten sollte der potenzielle Kunde darstellen.

Sie schreiben kein Lehrbuch!

Informationen, die interessant und wichtig für Ihre Zielgruppe sind, bilden den Kern Ihres I2-Magneten. Aber bitte machen Sie es nicht zu kompliziert – bereiten Sie die Informationen einfach und übersichtlich auf. Sie schreiben kein Lehrbuch, keine Enzyklopädie und keine wissenschaftliche Arbeit, sondern Sie gestalten etwas Informatives und Interessantes, das möglichst von Menschen verschiedenster Bildungsschichten gelesen, gesehen, gehört - und verstanden - werden soll.

Verwenden Sie eine einfache Sprache und vermeiden Sie Fachchinesisch, so gut es geht (außer Sie wenden sich im B2B-Bereich an Fachleute einer Branche). Kurze Sätze, kurze Absätze, kurze Kapitel und alles klar strukturiert und einfach zu konsumieren - so werden I2-Magneten am erfolgreichsten.

Verschiedene Medien (lesen, schauen, hören)
Einfach und übersichtlich gestaltet bedeutet aber nicht, dass Ihr I2-Magnet simpel aufgebaut sein muss. Er kann auch aus mehreren Elementen bestehen, und hier am besten aus verschiedenen Medien. Sie können durchaus etwas Geschriebenes (z. B. ein Booklet, ein Ratgeber etc.), etwas zum Ansehen (ein Video auf DVD, USB-Stick oder online) und etwas zum Anhören (eine Audio-CD oder mp3-Datei) kombinieren. Unterschiedliche Menschen nehmen Informationen auf unterschiedliche Art und Weise am besten bzw. liebsten auf. Und Sie können sowohl die Leser, die Hörer und die Video-Betrachter erreichen, wenn Sie die Informationen auf unterschiedlichen Medien anbieten - als Package oder auch wahlweise beim Anfordern.

Call-To-Action
Besonderes Augenmerk müssen Sie auch darauf legen, den Empfängern Ihres I2-Magneten klar und deutlich zu vermitteln, welche Aktion sie als Nächstes setzen sollen. Die Handlungsaufforderung (im Englischen „Call-To-Action“ oder kurz CTA) sollten Sie durchaus öfter an verschiedenen Stellen

im I2-Magneten wiederholen. Sagen Sie ohne Umschweife, was die nächste Handlung sein soll.

Wenn Sie noch dazu einen Grund schaffen (Bonus, Rabatt etc.), rasch zu handeln, ist das auch hier ganz klar ein Vorteil und wird dazu beitragen, die Response zu erhöhen.

Die nächste Aktion kann schon direkt auf einen Kauf abzielen (bestellen), aber auch auf ein kostenloses Beratungsgespräch (anrufen und Termin vereinbaren), eine Besichtigung oder Probe Ihres Angebotes („Kommen Sie in unseren Schauraum“) oder auch auf weitere, tiefer gehende Informationen („Sehen Sie sich unser Informationsvideo auf www.xyz.com/vip an“).

Goodie (Reziprozität)

Zu guter Letzt ist es durchaus empfehlenswert, auch ein kleines Goodie als Teil Ihres I2-Magneten anzubieten. Vor allem, wenn Sie ihn auf dem Postweg versenden, sollten Sie durchaus testen, ob ein kleines Geschenk die Response erhöht (tut es in der Regel). Und hier reichen bereits kleine Aufmerksamkeiten um 50 Cent oder 1 Euro.

Nicht umsonst senden Organisationen, die per Post um Spenden bitten, schon größtenteils Namensaufkleber, kleine Kettchen, Tüchlein oder Ähnliches mit – ein Geschenk schafft Goodwill, stellt eine bessere Beziehung her und erhöht die Wahrscheinlichkeit, dass der Empfänger (aus dem Gefühl, sich revanchieren zu müssen) eher bereit ist, zu spenden. Oder in Ihrem Fall eben, den nächsten Schritt zu tun (Termin vereinbaren, Schauraum-Besuch etc.).

Führen Sie auch hier immer Kampagnen durch

Auch bei der Bewerbung Ihres I2-Magneten gilt: führen Sie niemals nur Einmal-Aktionen durch, sondern immer mindestens dreistufige Kampagnen – wenn möglich über mehrere Medienkanäle (online und offline).

Am besten ist es, wenn Sie die Bewerbung Ihres I2-Magneten als durchgehend im Hintergrund laufendes System installieren, das 24/7 für Sie und Ihr Unternehmen Interessenten generiert. Bewerben Sie Ihren I2-Magneten

- Auf Ihrer Website
- auf Facebook/Instagram/YouTube etc.
- auf Ihrer Visitenkarte
- im regionalen Radio und TV
- in der Warteschleife am Telefon
- als Fußzeile („Footer") am Ende Ihrer E-Mails
- und, und, und...

Bewerbung des I2-Magneten

Ein häufiger Fehler in der Bewerbung des I2-Magneten ist, gleichzeitig auch noch „das Firmen-Image" aufbauen zu wollen ein Produkt/eine Dienstleistung mitzubewerben.

Bitte konzentrieren Sie sich ausschließlich auf den I2-Magneten. Sie müssen diese kostenlose Information genau so intensiv und aufwendig verkaufen, als wäre es ein Produkt, für das Sie Geld verlangen. Die Menschen sind heute skeptischer denn je – wer hat sich nicht schon einmal mit etwas „Kostenlosem" die Finger verbrannt? – und es wird anfangs immer unterschätzt, wie schwierig es ist, den I2-Magneten gratis zu „verkaufen".

Daher müssen Sie sich einzig und alleine darauf fokussieren, den Wert des I2-Magneten und der darin enthaltenen Informationen hervorzuheben und die Menschen zu überzeugen, Ihnen im Austausch dafür ihre Kontaktinformationen samt Erlaubnis, sie weiterhin zu kontaktieren, zu geben.

Wenn Sie den I2-Magneten über eine Website anbieten, dann sollten Sie sogar so weit gehen, eine eigene Website - nicht Ihre Unternehmensseite mit üblicherweise zahlreichen Informationen und Unterseiten - einzurichten, auf der lediglich der I2-Magnet beworben wird und Interessenten nichts anderes als Ihre Kontaktdaten eingeben können. Diese „Squeeze-Pages", die exklusiv darauf fokussieren und keine Ablenkung bzw. kein Herumsurfen ermöglichen, erhöhen die Response üblicherweise deutlich.

Wenn Sie Ihren I2-Magneten anbieten und die Personen in Ihrer Zielgruppe fordern ihn an, dann haben Sie den ersten Schritt durch „Pull-Marketing" getan. Diese Menschen sind freiwillig zu Ihnen gekommen, anstatt das Gefühl zu haben, von Ihnen verfolgt zu werden, weil Sie Ihnen etwas „aufs Auge drücken" wollen. Das ändert die Dynamik in der Beziehung drastisch.

Natürlich wissen Ihre Interessenten, dass Sie nicht aus reiner Nächstenliebe diese Informationen (sei es ein Ratgeber, eine Broschüre, eine DVD, eine Checkliste, ein Online-Tutorial etc.) zur Verfügung stellen. Aber Sie sind damit in Vorleistung gegangen und wenn Ihre Informationen tatsächlich von Wert sind, dann sind Sie kein Anbieter wie alle anderen, der nur verkaufen will. Dann sind Sie bereits vom „Verkäufer“ zum „Berater“ geworden.

Konvertierung von Interessenten zu Kunden

Nachdem wir nun Interessenten identifiziert haben, indem sie “die Hand gehoben” und unseren I2-Magneten angefordert haben, müssen wir auch systematisch nachfassen, um diese Interessenten in zahlende Kunden zu konvertieren.

Konvertierung mit System

In der untenstehenden Grafik können Sie die verschiedenen Elemente sehen, die wir einsetzen können, um aus Interessenten Kunden zu machen.

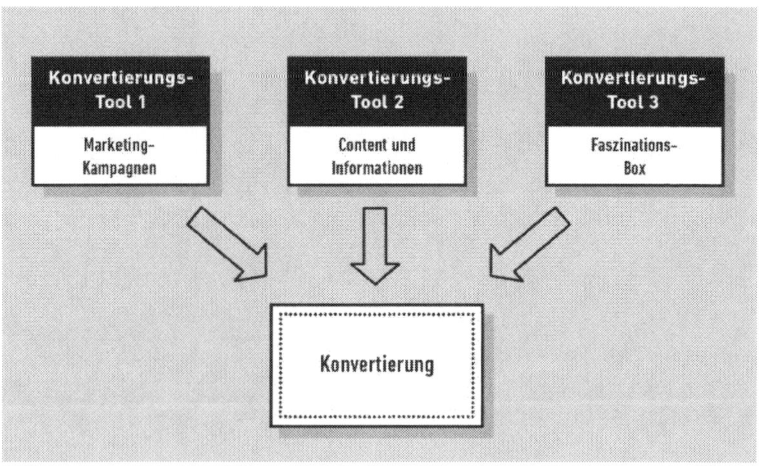

Wichtig sind hierbei zwei Punkte: erstens können Sie individuell für sich entscheiden, wie Sie Ihr System zur Konvertierung von Interessenten gestalten. Alle Komponenten, die wir in der Folge noch genauer ansehen werden, können miteinander kombiniert werden und Sie können den Mix und die Sequenz frei nach Ihren Bedürfnissen wählen. Zweitens ist es wichtig, dass Sie zumindest eines der Tools auch wirklich umsetzen.

Ein Fehler, den ich in der Praxis häufig sehe, ist, dass Unternehmer und Selbstständige beim Nachfassen nachlässig sind und kaum oder gar nicht bei den Menschen, die bereits grundsätzliches Interesse an ihrem Angebot gezeigt haben, am Ball bleiben. Von *systematischem* Nachfassen ganz zu schweigen. Damit verwandeln sie jedoch alle bis zu diesem Zeitpunkt getätigten Investitionen in ihr Marketing und Ihrer Werbung in versunkene Kosten.

Wenn Sie jedoch zur vergleichsweise kleinen Schar cleverer Unternehmer gehören, die ein System zur Konvertierung von Interessenten zu Kunden installieren, haben sie einen enormen Wettbewerbsvorteil gegenüber Ihrer Konkurrenz.

Die Grundphilosophie Ihres Konvertierung-Systems sollte – analog zur Philosophie des USP – sein, so einzigartig, beeindruckend und überzeugend aufzutreten, dass Sie aus der Masse an Anbietern hervorstechen und beinahe schon eine eigene Kategorie darstellen (sog. „Category of One"). Das Ziel ist es, als einzige logische Alternative zur Problemlösung oder Bedürfnisbefriedigung von Ihren Interessenten angesehen zu werden.

In diesem Zusammenhang ist ein psychologischer Faktor von großer Bedeutung, nämlich der Umstand, dass jedes Angebot einen Grundnutzen, einen Zusatznutzen und einen emotionalen Nutzen bietet. Und in unserer heutigen Gesellschaft mit ihrem Überangebot an Waren und Dienstleistungen wird eine Differenzierung über den emotionalen Nutzen immer wichtiger. Das bedeutet, dass WER Sie sind gegenüber WAS Sie anbieten heutzutage immer mehr in den Vordergrund tritt.

Auch hier: immer Kampagnen

Bei der Konvertierung sind wir auch wieder beim Thema Kampagne versus Einmal-Aktion. Oftmals wird in der Praxis sehr simples, nicht besonders ausgefeiltes Marketing eingesetzt. Ein Imageinserat in der lokalen Zeitung oder ein Flyer, der an jeden Haushalt in der Umgebung geht – und das war es dann auch schon wieder.

Im Unwiderstehlichen Marketing nehmen wir eine ausgewählte, exakt definierte Zielgruppe ins Visier und versuchen, bei diesen Menschen die erste Wahl, der Anbieter des Vertrauens zu werden.

Wir müssen unseren Fokus deswegen auf eine begrenzte Zielgruppe legen, da wir erstens wie besprochen nicht alles für alle Menschen sein können (denn sonst sind wir nichts für niemanden) und zweitens ein zu großes Publikum nicht kosteneffektiv erreicht und bearbeitet werden kann. Wir müssen mit limitierten finanziellen Ressourcen bei Menschen, die höchstwahrscheinlich Interesse und Bedarf an unserem Angebot haben, den größtmöglichen Erfolg erreichen.

Und diesen größtmöglichen Erfolg erreichen wir durch Wiederholung. Wiederholte Kommunikation mit den Interessenten aus unserer ausgewählten Zielgruppe - über Direct-Mailings, E-Mails, etc. - ist der Schlüssel zu unserem Erfolg, Interessenten zu Kunden zu konvertieren. Wir müssen mehrere Schritte setzen, die aufeinander abgestimmt, aufeinander Bezug nehmend und einander ergänzend ein und dasselbe Angebot unterbreiten.

So wie wir schon seit langem wissen, dass es in einem persönlichen Verkaufsgespräch im Durchschnitt fünf bis sieben Abschlussversuche braucht, um unser gegenüber zum Kauf zu bewegen, so benötigen wir auch in unserer Marketing-Kommunikation mehrere Schritte und mehrere Versuche, um aus einem Interessenten im Endeffekt einen Käufer zu machen.

Und wenn ein Interessent auf unsere Konvertierungskampagne nicht reagiert? Dann bekommt er eben unsere nächste Konvertierungskampagne - mit einem neuen, anderen Angebot - zugesandt. Hier kommt wieder der Kundenbeziehungswert und die damit verbundenen Investitionen, die Sie sich für die Neukundengewinnung leisten können, ins Spiel. Je nach Ihrer Wirtschaftlichkeitsrechnung können Sie zwei, drei oder auch 20 Konvertierungs-Kampagnen an Interessenten versenden, bis Sie aufgeben. Und selbst dann können Sie ja immer noch per E-Mail kommunizieren und Angebote unterbreiten.

Online to Offline

Auch bei der Konvertierung gilt, dass wir möglichst viele verschiedene Medienkanäle zur Kommunikation mit unseren Interessenten nützen sollten. Vor allem die Kombination aus online und offline ist, wie schon erwähnt, unbedingt zu empfehlen. Vor allem mit Interessenten, die online generiert wurden, ist es anzuraten, danach offline weiter zu kommunizieren. Online gibt es zu viele Möglichkeiten der Ablenkung, zu viele und zu einfache Wege, uns mit unseren Konkurrenten zu vergleichen und mit ein paar Mausklicks als Maßstab nur die Preise einander gegenüberzustellen.

Ein zusätzliches Problem im Internet ist es, dass jede One-Man Show, die erst seit drei Monaten im Geschäft ist, einen besseren, überzeugenderen Webauftritt haben kann als das seit 50 Jahren bestehende Unternehmen mit 25 Mitarbeitern. Daher ist es immer erstrebenswert, mit seinen Interessenten möglichst in einem kompetitiven Vakuum zu kommunizieren – und das funktioniert mittels Offline-Kommunikation am besten.

Content für Positionierung bzw. zur Beeinflussung der Kaufkriterien

Abgesehen von Ihrem I2-Magneten kann es durchaus der Fall sein, dass Sie zur Positionierung (als Experte, als Fachmann auf Ihrem Gebiet) oder bei höherpreisigen Produkten/Dienstleistungen weiteren Content bieten müssen, bevor Ihre Interessenten bereit zum Kauf sind. Es gibt genügend Fälle, in denen der Kaufprozess einfach längere Zeit in Anspruch nimmt, weil die Entscheidung für Ihre Zielgruppe entweder finanziell oder aus anderen Gründen bedeutsam ist und die Menschen daher das Gefühl der ausreichenden Vorbereitung und umfassenden Information haben wollen.

In diesen Fällen haben Sie durch Bereitstellung und Zusendung von zusätzlichen Informationen auch die

Möglichkeit, die Kaufkriterien ihrer Zielgruppe zu Ihren Gunsten zu beeinflussen. Ich spreche hier jedoch nicht davon, die Menschen unredlich zu manipulieren, sondern ihnen nur die wichtigsten Punkte, die sie bei einer Entscheidung beachten sollten, darzulegen. Ihre Aufgabe ist es ohnehin, für Ihre ausgewählte Zielgruppe die beste Lösung anzubieten.

Aber oftmals wissen die Menschen gar nicht, welche Punkte bei einer Kaufentscheidung wesentlich sein können bzw. welche Optionen überhaupt vorhanden sind. Und wenn Ihr Angebot ohnehin die einzig vernünftige Lösung für das Problem/das Bedürfnis Ihrer Zielgruppe darstellt, dann sollten Sie die Gründe dafür auch ausführlich darlegen. Und für den Fall, dass es mehrere gleichwertige Kriterien für die Entscheidung zwischen verschiedenen Anbietern gibt, können Sie natürlich jene, die für Sie und Ihr Angebot sprechen, betonen bzw. herausstellen.

In diesem Zusammenhang nochmals die Warnung: Bleiben Sie bei der Wahrheit und versuchen Sie nicht, die Menschen in die Irre zu führen. Nicht nur, weil ich persönlich Lug und Betrug ablehne (die Täuschungen und Lügen im Marketing und in der Werbung sind der Grund, warum diese beiden Bereiche bei vielen Menschen einen schlechten Ruf haben), sondern auch deswegen, weil die Leute nicht dumm sind und Sie nur mit Ehrlichkeit mittel- und langfristig in Ihrem Business erfolgreich sein können.

Diese Strategie, Content bereitzustellen und auch die Kaufkriterien zu beeinflussen, ist äußerst vielversprechend und kann (und sollte) ebenfalls über verschiedene Medienkanäle umgesetzt werden. Ihr I2-Magnet kann zum Beispiel ein Onlinevideo sein, auf das weitere kurze Videos zum Nachfassen und im Anschluss daran eine mehrstufige

Sequenz mittels Direct-Mailings (Briefe und/oder Postkarten) folgen.

Üblicherweise wird bei dieser Strategie das erste Angebot für einen Kauf bis zum Ende der Kampagne aufgehoben und bis dahin wertvoller Content geliefert. Auf diese Art und Weise können Sie Ihre Positionierung ausbauen, die Kaufkriterien beeinflussen und gleichzeitig bereits eine Beziehung zu Ihren Interessenten aufbauen.

Die Faszinations-Box

Eine besonders erfolgversprechende Taktik ist in diesem Zusammenhang, eine „Faszination-Box“ zusammenzustellen und an Ihre Interessenten zu schicken. Eine Faszinations-Box ist ein Paket von überzeugenden, als hochwertig empfundenen Materialien und Informationen, die Sie den interessierten Personen mit dem Ziel zusenden, Sie aufgrund der Fülle und der Qualität der Unterlagen als einzigartigen, überlegenen Anbieter wahrzunehmen. Eine Faszinations-Box ist ein bewährtes Mittel, um gleich zu Beginn Ihren Status über den aller Ihrer Mitbewerber zu heben, die üblicherweise nur einen Prospekt oder einen Katalog versenden.

Eine Faszinations-Box kann zum Beispiel enthalten:

- einen oder mehrere Ratgeber, Info-Broschüren etc. von Ihnen verfasst, um Sie als Experte zu positionieren

- Anleitungen und Checklisten

- Audio CDs und/oder DVDs mit einer persönlichen Botschaft, Ausschnitten aus Interviews, Podcasts, Vorträgen, Video-Testimonials zufriedener Kunden etc. Sie können hier alles verwenden, das Sie als Experten, Profi, vertrauenswürdigen Anbieter darstellt.

- Kopien von Presseartikeln oder Pressemitteilungen

- Ausgaben Ihres Newsletters

- Testimonials (als Booklet oder Kopien von Briefen), die zeigen, dass Sie die einzig logische Option und der Anbieter der Wahl sind.

Zusätzlich zu Informationen sollten Sie unbedingt auch „Goodies" in ihre Faszinations-Box inkludieren: Süßigkeiten, T-Shirts, Kugelschreiber, Notizblock, Haftnotizen, kleine Geschenke, wie zum Beispiel eine Taschenlampe oder ein Multitool, oder was immer Sie für passend erachten.

Sie wollen mit dieser Faszinations-Box so einzigartig und so überlegen bei Ihren Interessenten auftreten, dass jeder Mitbewerber, der ebenfalls um Informationsmaterial gebeten wurde (oftmals werden Sie nicht der einzige Anbieter sein, der kontaktiert wird), daneben verblasst.

Und natürlich dürfen Sie auf keinen Fall vergessen, den nächsten Schritt, den Ihre Interessenten machen sollen, klar und deutlich und in allen Materialien zu kommunizieren.

Beispiel aus der Praxis:

Theresa Walters* ist Führungskräfte-Coach im IT-Bereich. Ihr USP ist der Fokus auf Techniker, die in Positionen mit Führungsverantwortung befördert werden („Nerds als Führungskräfte"). Sie setzt Ihre Faszinations-Box pro-aktiv zur Kontaktaufnahme mit ihren Wunschkunden ein. Darin enthalten ist natürlich ihr Buch (das benötigt man als Experte einfach), zusätzliche von ihr verfasste White Papers, Testimonials von zufriedenen Klienten etc. Diese Faszinations-Box versendet sie „kalt" an Unternehmen, die zu ihrer Zielgruppe passen und mit denen sie gerne ein erstes Gespräch hätte. Im Anschluss daran fasst sie telefonisch nach, und nachdem kein anderer Anbieter in ihrer Sparte einen solch beeindruckenden, professionellen Erstkontakt herstellt, ist ihre Erfolgsquote für persönliche Termine mit den Entscheidern der Unternehmen unerreicht hoch.

*Name geändert

Nochmals, weil es so wichtig ist: Wie lange sollten Sie nun nach Zusendung des I2 Magneten bzw. weiterer Information (wie zum Beispiel ihrer Faszinations-Box) nachfassen?

Die Antwort ist einfach – solange es Ihre Wirtschaftlichkeitsrechnung zulässt bzw. solange bis Ihnen Ihre Interessenten die Erlaubnis, mit Ihnen zu kommunizieren, entziehen. Nachdem wir mit E-Mails eine de facto kostenlose (wenn auch nicht dramatisch effektive) Möglichkeit zur Kommunikation haben, können wir nach Einsatz aller anderen Kommunikationsformen immer noch auf diesem Wege in Kontakt bleiben. Es ist erstaunlich, wie lange viele Menschen E-Mails eines Unternehmens akzeptieren, ohne sich zum Beispiel vom Newsletter abzumelden oder zu verlangen, von E-Mail Verteiler genommen zu werden. Daher können Sie – solange die

Erlaubnis zur Kommunikation nach wie vor aufrecht ist - zumindest per E-Mail Content und Angebote versenden, bis diese Interessenten zu Käufern konvertiert werden.

Interessanterweise geben viele Unternehmer und Selbstständige nach vergleichsweise kurzer Zeit wieder auf. In der Praxis erlebe ich oft, dass nur ein oder zweimal bei Interessenten nachgefasst wird, und danach wird jeder Versuch der Konvertierung zum Kunden eingestellt.

Machen Sie es anders! Fassen Sie nach, bleiben Sie dran und kreieren Sie mehrstufige Kampagnen mit so vielen Schritten wie nur finanziell vertretbar. Hier zu früh aufzugeben heißt, viel Geld auf dem Tisch liegen zu lassen.

Persönlicher Kontakt

Das effektivste Instrument zum Konvertieren von Interessenten ist der persönliche Kontakt. Sie können ein Telefonat, einen Web-Chat, ein Skype-Video-Meeting oder einen Besuch im Laden, Schauraum oder Büro bei Ihnen bzw. einen Hausbesuch beim Interessenten anbieten. Kostenlose Erst- und Beratungsgespräche sind hierfür immer ein geeignetes Thema - vor allem natürlich in Dienstleistungsbranchen, wie z.B. Steuerberatern, Physiotherapeuten, Versicherungs- oder Immobilienmaklern und ähnlichen. Im Einzelhandel ist es die Hausmesse oder bei Fahrzeugen eine Probefahrt, im Handwerk kann es oft eine Besichtigung samt Grob-Voranschlag oder auch ein Beratungsgespräch sein.

Die Möglichkeiten sind hier vielfältig - wichtig ist jedoch auch beim Angebot zu einem persönlichen Kontakt, dass Sie

Deadline und Verknappung einsetzen, um eine gewisse Dringlichkeit zu erzeugen. In der Praxis hat sich gezeigt, dass es die Response zum Teil deutlich erhöhen kann, wenn Sie auch Goodies beim persönlichen Kontakt in Aussicht stellen (z. B. Sekt und Brötchen im Schauraum bei der Hausmesse, ein kleines Präsent als „Dankeschön" für den Termin etc.).

Das Potenzial jedes Kunden maximal ausschöpfen

Ziele

Nun kommen wir zum dritten Punkt, nach der I2 und dem Konvertieren - der Ausschöpfung des Potenzials jedes einzelnen Kunden.

Und genau diesen dritten, unglaublich wichtigen und äußerst lukrativen Punkt vernachlässigen die meisten Selbständigen und Unternehmer sträflich!

Wir haben viel Geld in die Neukunden-Akquise gesteckt, haben einen Interessenten erfolgreich konvertiert und nun? Bei den meisten kommt danach nichts beziehungsweise nicht mehr viel - obwohl seit Jahrzehnten bekannt ist, dass es zwischen 5 und 6 Mal teurer ist, einen neuen Kunden zu gewinnen als einem Bestandskunden etwas Neues zu verkaufen.

Weitere interessante Zahlen zu diesem Thema:

Bei loyalen Bestandskunden ist die Wahrscheinlichkeit, dass

- sie Sie weiterempfehlen 4 Mal höher,

- ein neues Angebot von Ihnen ausprobieren 7 Mal höher,
- Ihnen verzeihen, wenn Sie einmal einen Fehler begehen 4 Mal höher

als bei Neukunden.

Na, da zahlt es sich doch aus, etwas in die Potenzial-Ausschöpfung bestehender Kunden zu investieren...

Welche Ziele verfolgen erfolgreiche Selbständige und Unternehmer, wenn Sie ihr Marketing an Ihre Bestandskunden richten?

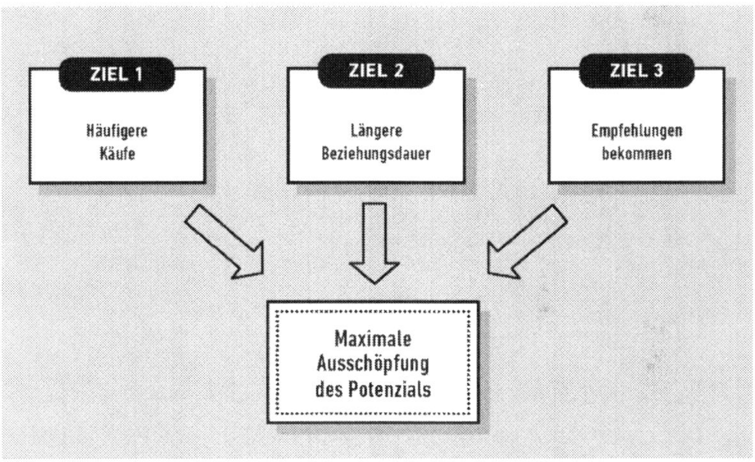

Häufigere Käufe

Ziel Nummer eins ist ganz klar: Ihre Bestandskunden sollen häufiger bei Ihnen kaufen. 99 % aller Unternehmen haben nicht nur das eine Angebot, das Ihre Kunden gebrauchen können, sondern ähnliche oder ergänzende

Produkte/Dienstleistungen, höherwertige Versionen (Basic und „Premium“) des Gekauften, Zubehör etc. Oder sie müssen das erworbene Produkt warten oder reinigen lassen oder bei Verbrauchsgütern sogar ersetzen.

Es hindert Sie auch niemand, eine Kooperation mit anderen Unternehmen einzugehen und deren Produkte (natürlich für eine Provision) bei Ihren Kunden anzubieten, wenn es passend erscheint (ein Juwelier könnte z. B. bei seinen Top-Kunden, die hochpreisigen Schmuck erstanden haben, eine Kooperation mit einem Anbieter für Luxus-Reisen eingehen).

Wichtig ist, dass Sie Ihre Bestandskunden laufend mit neuen, attraktiven und Unwiderstehlichen Angeboten kontaktieren, und sich nicht einfach darauf verlassen, dass sie schon wiederkommen werden, wenn sie einen Bedarf an Ihrem Angebot haben.

Die Möglichkeiten sind hier unglaublich vielfältig und sollten von Ihnen in vollem Ausmaß genutzt werden!

Längere Beziehungsdauer

Das zweite Ziel bei der Potenzial-Ausschöpfung ist es, die Beziehungsdauer mit Ihren Bestandskunden zu verlängern. Heutzutage hat niemand mehr Kunden fürs Leben - irgendwann hören Ihre Kunden auf, bei Ihnen zu kaufen.

Warum Bestandskunden inaktiv werden, kann vielfältigste Gründe haben, und einige können wir nicht beeinflussen (Tod, Umzug, Wegfall des Bedarfes). Auf viele Gründe für das Ende einer bestehenden Kundenbeziehung haben wir jedoch ganz massiv Einfluss.

Die drei häufigsten (und auch von uns ganz einfach zu beseitigenden) sind:

- Langeweile (andere Anbieter sind neu, aufregend, lustig, cool etc.)
- Gefühl der Vernachlässigung (wir melden uns nicht oder nicht häufig genug)
- Abwerbung (andere Anbieter bemühen sich massiv um unsere Kunden und sie werden schwach)

Ähnlich wie in einer Liebesbeziehung...

Wir dürfen unsere Kunden niemals als Selbstverständlichkeit betrachten, egal wie lange sie bereits von uns kaufen. Der Mitbewerb schläft nicht, und wir müssen auf der Hut sein, dass unsere Kunden nicht aus den oben genannten Gründen „einfach einmal etwas Neues ausprobieren".

Was genau wir gegen diese drei Faktoren unternehmen können, werden wir im Anschluss behandeln!

Empfehlungen

Unser 3. Ziel bei der Ausschöpfung des Potenzials unserer Bestandskunden ist es, von ihnen Empfehlungen zu bekommen. Wir wollen eigentlich nicht nur Kunden, wir wollen Fans. Fans empfehlen uns weiter! Und kaufen übrigens auch mehr und öfter...

Ein massiver Irrtum, dem die meisten Unternehmer und Selbständigen unterliegen, ist, dass sie glauben, exzellente

Leistung alleine reicht aus, um Empfehlungen zu stimulieren. Ja, schon - im Einzelfall. Aber mit Leistung alleine werden Sie niemals das Empfehlungspotenzial Ihrer Kunden ausschöpfen und es wird lediglich mal hier mal da zu einer Empfehlung kommen.

Erfolgreiche Unternehmen haben Empfehlungssysteme und arbeiten laufend und eben systematisiert daran, Empfehlungen zu generieren. Das beginnt übrigens bereits damit, einfach um Empfehlungen zu bitten...

Laufend in Kontakt bleiben

Und was können wir nun tun, um das Potenzial unserer Kunden auszuschöpfen und die drei vorhin genannten Ziele zu erreichen? Was ist das Wundermittel?

Sie ahnen es wahrscheinlich bereits:
LAUFEND und STETIG in Kontakt bleiben.

Wir dürfen unsere Kunden nicht als selbstverständlich betrachten, und wir dürfen auch nicht dem Irrtum erliegen, dass die Qualität unserer Produkte und Dienstleistungen alleine bereits ausreicht, um Neukunden zu Stammkunden zu machen, die wiederholt kaufen, uns lange treu bleiben und uns weiterempfehlen. Nur laufende Kommunikation, die von unseren Kunden als wertvoll, interessant, kurzweilig und vorteilhaft empfunden wird, kann uns helfen, diese Ziele zu erreichen.

Zumindest einmal pro Monat - besser aber noch öfter - sollten Ihre Kunden von Ihnen hören. Und Sie sollten etwas Neues, Interessantes zu kommunizieren haben. So wie bei der

Tageszeitung oder bei den Nachrichten im Fernsehen geht es auch hier darum: „Was gibt es Neues?“

Ich weiß, das klingt jetzt zuerst einmal etwas anstrengend und aufwendig. Keine Angst, es ist weniger Arbeit, als Sie befürchten! Und vor allem ist es ein Aufwand, der sich rentiert – nämlich durch mehr Umsatz.

Wir müssen eine Beziehung aufbauen

Essenziell für eine lange, fruchtbare und profitable Kundenbeziehung ist genau das: eine Beziehung. Eine persönliche Beziehung zwischen zwei Menschen, nämlich Ihrem einzelnen Kunden mit Ihnen als Eigentümer des Unternehmens. Menschen kaufen von Menschen, und egal wie bekannt oder „groß“ eine Marke ist, wenn Kunden den Menschen hinter dem Unternehmen kennen, kaufen sie öfter und um höhere Beträge und empfehlen das Unternehmen häufiger – das ist Fakt.

Daher sollte Ihre Kommunikation mit Ihren Kunden immer direkt von Ihnen als Eigentümer kommen, als persönliche Botschaft eines Menschen an einen anderen. So, wie Sie es eventuell aus der Werbung von Hipp im TV kennen, wo der Chef (nun schon der Sohn) sein „Dafür stehe ich mit meinem Namen“ in die Kamera spricht. Das macht Hipp nicht aus Eitelkeit, sondern weil es funktioniert.

Verkaufen ist wichtig, aber nicht das Einzige

Und wenn wir eine Beziehung mit unseren Kunden aufbauen wollen, dann müssen wir eines bedenken: Sie funktioniert nicht, wenn wir immer nur „etwas wollen". So empfinden wir es nämlich zumeist, wenn uns jemand ein Angebot unterbreitet. Wir haben in den meisten Fällen unterbewusst und blitzschnell die „Was will denn die/der schon wieder von mir?"-Reaktion, nicht die „Oh, welche Gelegenheit, mein Leben zu verbessern, erleichtern oder bereichern wird mir hier präsentiert?"-Reaktion. Das ist ja genau der Grund, warum Verkauf so schwierig und die ideale Abstimmung der Marketing-Botschaft auf die jeweilige Zielgruppe sowie die Entwicklung eines Unwiderstehlichen Angebots so wichtig sind.

Und ja, möglichst jede Kommunikation mit Ihrer Zielgruppe sollte auch ein Angebot enthalten. Denn unterm Strich ist die Beziehung zu Ihren Kunden immer noch eine Geschäftsbeziehung – das wissen sie auch. ABER das jeweilige Angebot sollte nicht immer den einzigen Inhalt darstellen und auch nicht jedes Mal massiv im Vordergrund stehen.

Neues, Interessantes, Amüsantes, Kurzweiliges – durchaus in Verbindung mit Ihrem Unternehmen, Ihrer Branche, Ihrem Angebot – sollte den Kern Ihrer laufenden und stetigen Kommunikation mit Ihren Kunden bilden. Unterhaltung ist hier das Zauberwort – durchmischt mit Information, und mit einem Unwiderstehlichen Angebot zum Drüberstreuen.

Kleine Geschenke erhalten die Freundschaft

Auch bei Ihren Kunden gilt, genauso wie bei privaten Beziehungen: Kleine Geschenke erhalten die Freundschaft.

Eine kleine Aufmerksamkeit zum Geburtstag sollte auf jeden Fall drinnen sein (und ich hoffe, Sie haben diese und andere

Informationen über Ihre Kunden – zumindest bei den Stammkunden ist das Pflicht!).

Aber auch zwischendurch, für Ihre Kunden unerwartet, sind kleine Geschenke großartig zur Kundenbindung und vollen Ausschöpfung des Potenzials. Überraschungs-Goodies müssen keinen besonders hohen Wert haben, es ist die Geste, die zählt. Solange das kleine Präsent mit einer persönlichen Botschaft übermittelt wird und nicht wie ein unpersönliches Massen-Geschenk gesandt wird (aber selbst da hat es noch eine minimale positive Wirkung), entfalten solche Aufmerksamkeiten oftmals große Wirkung.

Übrigens müssen die Goodies nicht unbedingt immer mit Ihrem Unternehmen oder Ihrem Angebot in Zusammenhang stehen (wenn sie es tun, umso besser). Eine kleine praktische Taschenlampe für den Schlüsselbund oder ein kleines Multi-Tool kann jedes Unternehmen verschenken und wird dabei (zumindest bei den Herren) eigentlich immer richtig liegen.

Unterschiedliche Geschenke je nach Beziehungswert

Ein guter Tipp ist hierbei, bei der Auswahl der Geschenke den Wert des Kunden zu berücksichtigen. Je mehr Profit ein Kunde für Sie bedeutet bzw. je wichtiger er für Ihr Unternehmen ist, umso mehr können (und sollten) Sie in die Goodies investieren, die Sie ihm zukommen lassen. Teilen Sie Ihre Kundenliste zumindest in drei Kategorien nach Umsatz/Profit und senden Sie diesen drei Gruppen unterschiedlich wertvolle Aufmerksamkeiten.

Für Ihre absoluten Top-Kunden, die einen beträchtlichen Anteil Ihres Business ausmachen, sollten Sie möglichst individuelle

Präsente finden, die auf die einzelne Person abgestimmt sind. Oder aber Sie verschenken z. B. ein exklusives Schreibgerät mit dem Namen des Empfängers eingraviert. Diese Geschenke hinterlassen einen starken, bleibenden Eindruck und wirken sich enorm auf die persönliche Beziehung zwischen ihnen beiden aus (und dass Sie zumindest einmal pro Jahr mit diesen Menschen essen gehen, muss ich ja hoffentlich nicht extra erwähnen...).

Apropos Essen: Studien haben gezeigt, dass Essbares als Geschenk unterbewusst einen vergleichsweise hohen emotionalen Wert für den Empfänger besitzt. Angeblich soll das daher rühren, dass das Teilen von Nahrung in den Anfangszeiten der Menschheit für das Überleben hohe Bedeutung hatte und eine besondere Wertschätzung bzw. ein starkes Naheverhältnis ausgedrückt hat. Und unterbewusst schätzen wir es nach wie vor besonders, wenn uns jemand Nahrungsmittel (Pralinen, Kekse etc.) schenkt.

Anlässe gibt es genug

Für Geschenke benötigen Sie keinen Anlass - ein kleines „Dankeschön" kann man immer senden. Bei manchen Unternehmen - z. B. bei Handwerkern - bietet es sich an, zum Abschluss eines Auftrags oder eines Projektes ein kleines Präsent zu überreichen.

Aber für Präsente wie für besondere Unwiderstehliche Angebote gibt es - wie in Kapitel 2 bereits beschrieben - zahlreiche Anlässe, hier herrscht kein Mangel an Gelegenheiten.

Neben Geburtstag (und Halb-Geburtstag) und den klassischen Feiertagen finden sich unzählige Gedenk- und Aktionstage im Internet oder Sie erfinden einfach eigene. Nutzen Sie so viele Anlässe wie möglich, um mit Ihren Kunden laufend in Kontakt zu bleiben und ihnen dabei ab und zu eine kleine Aufmerksamkeit zukommen zu lassen - es lohnt sich!

Ihr Newsletter

Das beste Tool, das Sie einsetzen können, um in regelmäßigem Kontakt mit Ihren Kunden (und auch Ihren Interessenten) zu bleiben, ist und bleibt ein Newsletter.

Ja, das Thema ist ausgelutscht, jeder weiß es und Sie haben es sicherlich bereits unzählige Male gehört. Und wie oft versenden Sie Ihren Newsletter? Eben...

Die wenigsten Unternehmer und Selbständigen versenden regelmäßig einen Newsletter, darum ist er ja ein so effektives Tool. Allerdings gilt es, einige Faktoren zu beachten, damit Ihr Newsletter auch maximale Effektivität zeigt und Sie das meiste damit herausholen.

Per Post statt per E-Mail

Der wichtigste Tipp in Bezug auf Newsletter ist: Unbedingt offline - also ein Papier-Newsletter, der per Post bei Ihren Kunden eintrifft.

Das hat mehrere Gründe:

Erstens kommt ein Papier-Newsletter per Post auch wirklich an (zumindest in 99 % der Fälle) – was bei E-Mails nicht immer der Fall sein muss (Stichwort Spam-Ordner).

Zweitens wird ein E-Mail-Newsletter oftmals nicht oder nur ganz flüchtig gelesen. Beim „echten" Newsletter, den ich in der Hand halte, ist die Wahrscheinlichkeit, dass er gelesen wird, dramatisch höher.

Drittens hat ein Papier-Newsletter, der per Post kommt, einen deutlich höheren empfundenen Wert als eine E-Mail.

Viertens bleibt der Papier-Newsletter üblicherweise noch ein paar Tage im Blickfeld des Empfängers. Er „liegt herum", wird gesehen und erinnert Ihren Empfänger an Sie. Er ist nicht nur eine Zeile im Posteingang des E-Mail-Programms, die sofort gelöscht wird bzw. nach dem Schließen wieder in Vergessenheit gerät. Sie sind damit präsent und Ihr Newsletter wird eventuell auch noch von anderen Personen im Haushalt (oder im Büro) gelesen.

Und fünftens können Sie Ihre Inhalte besser, übersichtlicher und vollständiger transportieren. Ein Papier-Newsletter, der interessant und kurzweilig gestaltet ist, kann durchaus umfangreicher sein und alle Informationen beinhalten, die Sie an Ihre Kunden kommunizieren wollen. Er wird dennoch (aus den ersten vier genannten Gründen) gelesen werden.

Der Inhalt Ihres Newsletters

Da sind wir auch schon beim zweiten Punkt: dem Inhalt Ihres Newsletters.

Wie gesagt, soll (muss!) Ihr Newsletter interessant und kurzweilig sein, er soll Neuigkeiten vorstellen und den Empfänger unterhalten. Bitte machen Sie nicht den Fehler, Ihre Leser ausschließlich mit Informationen und trockenen Fakten über Ihre Branche und Ihr Unternehmen zu „beglücken“.

Folgende Themenblöcke sollte ein gut aufgebauter Newsletter enthalten:

1. Ein persönlicher Einstieg
Ein Vorwort, ein Leitartikel, direkt von Ihnen, in persönlichem Ton gehalten. Dieser Teil muss nicht ausufernd lang sein, aber er soll den menschlichen Faktor gleich zu Beginn etablieren. SIE schreiben an Ihre Kunden, eine Kommunikation zwischen zwei Personen findet hier statt – und das macht den entscheidenden Unterschied.

2. Inhalte, die Ihren USP, Ihre Kompetenz, Ihre Einzigartigkeit im Markt betonen und widerspiegeln.
Eine Geschichte über einen erfolgreich ausgeführten, komplizierten und aufwendigen Auftrag. Neuigkeiten zu Themen, die Ihre Kunden interessieren und nicht unbedingt mit Ihrem Angebot zu tun haben.

3. Humorvolles und Kurzweiliges
Cartoons, lustige Zitate, Witze, Denksportaufgaben, Kreuzwort- oder Bildrätsel, Memes aus dem Netz, witzige Anekdoten. Inhalte, die nur der Unterhaltung dienen und die nichts mit Ihrem Unternehmen oder Ihrem Angebot zu tun haben. Dieser Punkt ist äußerst wichtig – bitte unterschätzen Sie die Bedeutung solcher Inhalte für Ihren Newsletter nicht. Einerseits machen diese Dinge gute Laune und andererseits beschäftigen sich die Empfänger länger und ausgiebiger mit

dem Newsletter. Und das bedeutet, mit Ihnen und Ihrem Unternehmen.

Angebot sollten Sie jedoch immer als Beilage auf einem eigenen Blatt dazugeben, so ist es vom Beziehungs-Tool Newsletter getrennt und dennoch bekommt es die volle Aufmerksamkeit

4. Ein „Kunden-Anerkennungs-Bereich".
Hier heißen Sie neue Kunden willkommen, bedanken sich für erhaltene Empfehlungen (siehe auch nächster Abschnitt), danken langjährigen Kunden für ihre Treue etc. Dieser Teil ist unter Umständen eher für fortgeschrittene Newsletter-Herausgeber und muss nicht unbedingt von Beginn an enthalten sein (damit will ich sagen: Wenn Sie dieser Teil abschreckt, soll er Sie nicht an der Umsetzung hindern).

5. Persönliche Geschichten.
Dieser Teil ist für die Beziehung zu Ihren Kunden ebenfalls von großer Bedeutung! Lassen Sie Ihre Kunden ruhig an Ihrem Leben (oder dem Ihrer Mitarbeiter) teilhaben. Eine Anekdote aus dem Urlaub oder vom Haustier, ein Foto vom Betriebsausflug, eine humorige Geschichte aus dem Büroalltag, eine Gratulation zum Führerschein der Tochter einer Mitarbeiterin - diese Dinge bilden und stärken die persönliche Beziehung und das empfundene Naheverhältnis zu Ihnen und Ihrem Unternehmen.

6. Und natürlich sollte Ihr Newsletter ein Unwiderstehliches Angebot beinhalten.
Ein Angebot, das attraktiv und wertvoll für Ihre Kunden ist, das am besten ausschließlich für Ihre Kunden gilt (sie sind ja etwas Besonderes und haben bevorzugte Behandlung verdient). Dieses

Ein A4-Blatt gefaltet reicht

Ich weiß, die Aufzählung der Inhalte lässt Sie mit dem Kopf schütteln. „Wie soll ich das alles neben meiner sonstigen Arbeit unterbringen?“ höre ich Sie fragen.

Keine Angst, es muss - vor allem zu Beginn - nicht wahnsinnig aufwendig und professionell sein. Sie können mit den Punkten 1 bis 4 starten und Sie können ruhig einen kompakten Newsletter gestalten und versenden. De facto können Sie mit einem gefalteten A4-Blatt als 4-seitigem Newsletter loslegen. Sie benötigen dazu nicht einmal einen Grafiker, das bekommen Sie sogar selbst mit Word oder Ähnlichem hin. Wichtig ist, dass Sie starten!

Die Frequenz: Mindestens einmal pro Monat

Ebenso wichtig ist, dass Sie Ihren Newsletter regelmäßig versenden. Beginnen Sie lieber kompakt und einfach und bleiben Sie dran, anstatt einen Newsletter wie die „Vogue“ zu kreieren, den Sie dann aber aufgrund des Aufwandes nur alle heiligen Zeiten verschicken.
Ihr Newsletter sollte mindestens einmal pro Monat bei Ihren Kunden im Postkasten landen. Alle 14 Tage wäre sogar noch besser, aber ich weiß, dass das für die meisten Unternehmer und Selbständigen zu viel Aufwand bedeuten würde.

Was jedoch durchaus in den meisten Fällen machbar ist, ist eine Mischung aus offline und online. Das bedeutet, dass Sie einmal pro Monat Ihren Papier-Newsletter an Ihre Kunden schicken, und in der Halbzeit, nach etwa 2 Wochen, kontaktieren Sie sie per E-Mail mit einer kurzen Neuigkeit und der Erinnerung an das Unwiderstehliche Angebot aus dem aktuellen Newsletter. So haben Sie alle 14 Tage Kontakt – stellen Sie sich vor, welchen Wettbewerbsvorteil Sie sich auf diese Weise gegenüber Ihrer Konkurrenz schaffen...

Empfehlungen

Empfehlungen unserer zufriedenen Kunden – landläufig Mundpropaganda genannt – sind die beste, effektivste und positivste Form des Marketing für unser Unternehmen bzw. unser Angebot. Der Grund liegt darin, dass es hundertmal glaubwürdiger ist, wenn andere Gutes über uns erzählen, als wenn wir das selbst tun. Kunden, die aufgrund von Empfehlungen zu uns kommen, sind in der Regel weniger preissensitiv, freundlicher, geduldiger und deutlich weniger mühsam als andere. Kein Wunder, dass bei den meisten Unternehmen die idealen Kunden (die Wunschkunden) oft über Empfehlungen den Weg zu ihnen finden.

Und nur, wenn wir unsere Kunden dazu bewegen, uns möglichst oft weiterzuempfehlen, schöpfen wir das volle Potenzial unserer Kundenbeziehung mit ihnen aus.

Das große Problem mit Empfehlungen ist, dass sie viel zu selten erfolgen. Das liegt auf der einen Seite daran, dass Kunden uns hauptsächlich dann weiterempfehlen, wenn sie nicht nur zufrieden mit unserer Leistung, sondern begeistert vom gesamten Erlebnis sind. Hier spielen emotionale Faktoren die Hauptrolle. Auf der anderen Seite bekommen wir zu selten Empfehlungen, weil wir einfach nicht danach fragen bzw. unsere Kunden nicht systematisch daran erinnern, uns weiterzuempfehlen.

Das außerordentliche Erlebnis

Den ersten Punkt können wir insofern adressieren, indem wir unseren gesamten Leistungsprozess analysieren und uns überlegen, inwiefern jeder einzelne Schritt aus Sicht unserer Kunden zum Gesamterlebnis beiträgt und wie wir dieses Erlebnis einzigartig und außerordentlich positiv gestalten können. Das kann zum Beispiel bei der Service-Annahme einer Kfz-Werkstatt sein, dass die Mitarbeiterin am Schalter zur Begrüßung aufsteht, hinter ihrem Pult hervorkommt, dem Kunden die Hand reicht und nach einem „Guten Morgen Herr Müller, schön, dass sie heute da sind." mit ihm gemeinsam die Übergabeformulare ausfüllt (anstatt nach einem „Morgen" einfach die Formulare über das Pult zu schieben).

Wenn danach auch noch der Werkstattleiter persönlich mit Herrn Müller zum Auto geht, ihm erklärt, welche Checks und Inspektionen an seinem Wagen durchgeführt werden und ihn danach zum Ersatzwagen bringt und mit einem „Herr Müller, vielen Dank für Ihr Vertrauen. Wir werden uns bestens um Ihr Auto kümmern und ich werde Sie persönlich anrufen, wenn es bereit zur Abholung ist" verabschiedet, dann ist das ein weiterer kleiner Schritt zu einem besonderen Erlebnis für den Kunden.

Und bereits diese Kleinigkeiten können in Summe den großen Unterschied machen zwischen einem als adäquat empfundenen Service und einem als außerordentlich positiv empfundenen Erlebnis. Unser Ziel als Selbstständige und Unternehmer muss es sein, dass unsere Kunden nach erbrachter Leistung denken, dass dieses positive Erlebnis in unserer Branche einzigartig und nur bei uns zu finden ist. Und in absolut jedem Leistungsprozess gibt es unzählige

Kleinigkeiten, die günstig und einfach zu verbessern sind und eine immense Wirkung haben können.

Ein großartiges, außerordentlich positives Erlebnis wird – zusammen mit erstklassiger Qualität unserer Produkte und Dienstleistungen – nicht nur dafür sorgen, dass unsere Kunden uns aus eigenem Antrieb weiterempfehlen. Es gibt uns auch das Recht und erleichtert uns den Prozess, ohne Scheu um Empfehlungen zu bitten.

Und hier sind wir bereits beim zweiten Punkt: dem aktiven und systematischen Verfolgen von Empfehlungen.

Systematisches Verfolgen von Empfehlungen

Wie bei so vielem im Leben bekommen wir auch Empfehlungen eher, wenn wir es nicht dem Zufall überlassen, sondern unsere Kunden erstens dahingehend informieren, dass wir Empfehlungen wollen, es ihnen zweitens so einfach wie möglich machen, uns zu empfehlen, sie drittens laufend daran erinnern und ihnen viertens entsprechende Anerkennung zukommen lassen, wenn sie uns tatsächlich erfolgreich empfohlen haben.

Ein vierstufiger Prozess also, den wir einhalten müssen:

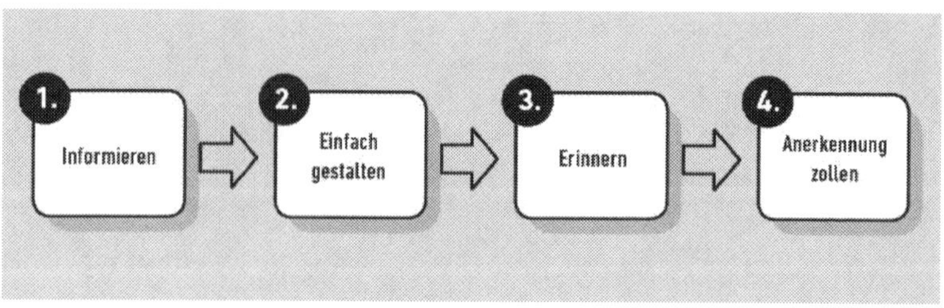

Gehen wir die einzelnen Punkte jeweils kurz durch.

<u>**Informieren**</u>
Wir müssen unseren Kunden so frühzeitig wie möglich kommunizieren, dass wir von ihnen erwarten, weiterempfohlen zu werden (wenn sie von unserer Leistung begeistert sind).

Das muss überhaupt nicht unangenehm sein und auch keinen Druck erzeugen.

Eine mögliche Formulierung ist zum Beispiel: „Frau Müller, ich hoffe, Sie sind mit [unsere Leistung] nicht nur einfach zufrieden - das wäre das Mindeste, das wir anstreben. Aber in Wahrheit wollen wir, dass Sie begeistert sind. Haben wir das erreicht?“ Wenn ja: „Sehen Sie, wir stecken nicht viel Geld in Werbung und Marketing, sondern konzentrieren uns darauf, unseren Kunden das bestmögliche [unsere Leistung] zu bieten. Dafür werden wir aber üblicherweise von unseren begeisterten Kunden durchaus häufig weiterempfohlen. Welche zwei oder drei Personen aus Ihrem Bekannten-, Verwandten- oder Freundeskreis legen ebenso wie Sie Wert auf erstklassiges [unsere Leistung] und würden so wie Sie von unserem Angebot profitieren?“

Das ist übrigens kein theoretischer Gesprächsleitfaden, sondern wird so bzw. so ähnlich erfolgreich in der Praxis eingesetzt.

Es gibt sogar Unternehmer, die bereits VOR der Leistungserbringung klarstellen, dass sie nach erfolgreich abgeschlossenem Auftrag nach Empfehlungen fragen werden und 2 - 3 Namen erwarten, wenn der Kunde begeistert ist.

Also keine Scheu – sprechen Sie das Thema ruhig an! Wenn Ihre Kunden tatsächlich der Meinung sind, dass Ihr Produkt oder Service (bzw. das Gesamterlebnis) großartig und einzigartig ist, dann werden sie damit auch kein Problem haben.

Alles steht und fällt hier mit Ihrer Einstellung zum Thema. Sie haben gute Arbeit geleistet, der Kunde ist mehr als zufrieden – da ist es doch fast schon seine Verpflichtung, Menschen in seinem Umfeld, die ebenfalls von Ihrem Angebot profitieren könnten, ebenfalls diese Möglichkeit zu bieten. Denn seine Freunde, Verwandten und Bekannten sollen doch nicht unter Umständen bei jemandem anderen kaufen und dabei ein suboptimales Ergebnis und Erlebnis riskieren bzw. eventuell sogar Gefahr laufen, übers Ohr gehauen zu werden.

Also, nur Mut – fragen Sie ruhig nach Empfehlungen. Sie können selbstsicher und ohne Scheu darum bitten.

Sagen Sie Ihren Kunden jedoch genau, was Sie mit den erhaltenen Namen potenzieller Interessenten tun werden. Informieren Sie sie, dass Sie ein Info-Paket innerhalb der nächsten 3 Werktage an diese Personen senden werden und dass Sie im Begleitschreiben darauf hinweisen, dass Ihr Kunde Ihnen den Kontakt gegeben hat. Und dass Sie nach 1 Woche persönlich am Telefon kurz nachfassen werden.
Niemand will diesbezüglich Überraschungen und niemand will es sich vor allem deswegen mit Verwandten, Freunden oder Bekannten verscherzen...

Behandeln Sie erhaltene Kontakte wie rohe Eier und üben Sie nur ja keinen übermäßigen Druck aus bzw. seien Sie auf keinen Fall penetrant. Sonst haben Sie nicht nur eine Empfehlung nicht erfolgreich in einen Kunden konvertiert, sondern Sie haben dann auch einen begeisterten Kunden vergrault - und damit auch die Chance, weitere Empfehlungen von ihm zu bekommen.

Zeigen Sie sich von Ihrer besten Seite und behandeln Sie den erhaltenen Kontakt wie einen nahen Verwandten (den Sie mögen!).

Einfach gestalten

Wenn wir Empfehlungen wollen, dann sollten wir das Weiterempfehlen für unsere Kunden so einfach und angenehm wie möglich gestalten. Jede Hürde, die wir unseren Kunden hier in den Weg stellen, kann uns zahlreiche Kontakte kosten.

Das beginnt damit, dass wir (falls wir direkt um Namen und Kontaktdaten bitten) ein fertig vorbereitetes Formular haben, wo der Kunde einfach die nötigen Informationen einträgt bzw. wir das für ihn erledigen. Das wirkt professionell und vermittelt gleich den Eindruck, dass das Erhalten von Kontaktinformationen für uns etwas völlig Normales und Alltägliches ist. Keine Ausnahme, sondern die Regel. Das allein kann bereits einen großen Unterschied machen.

Auch bereits vorgedruckte Empfehlungskärtchen, die wir unseren Kunden zum Verteilen überreichen, sind bei entsprechender Gestaltung ungemein effektiv und machen es einfach, uns weiter zu empfehlen.

Und natürlich wollen wir unsere Kunden, deren Namen wir immerhin als Referenz bei den neuen Kontakten verwenden dürfen, möglichst gut dastehen lassen. Also liegt nichts näher, als die Menschen, die aufgrund dieser Empfehlungen zu uns kommen bzw. die wir deswegen kontaktieren können, als richtige VIPs zu behandeln.

Ein Willkommens-Präsent, ein besonderer Rabatt, ein gratis Produkt oder Service, oder alles zusammen in einem beeindruckenden Welcome-Package - exklusiv für Interessenten, die aufgrund einer Empfehlung zu uns kommen - sind hier unbedingt ratsam.

Ebenso wie bei unserer Faszinations-Box mit unserem I2-Magneten (die Sie hier natürlich ebenfalls - aufgepeppt mit den Willkommens-Goodies - versenden können) sollen die Empfänger gleich beim ersten Kontakt einen großartigen Eindruck von uns bekommen, der uns sofort von der Masse der anderen Anbieter abhebt und hervorstechen lässt.

Und gerade im Fall von Empfehlungen ist das (neben dem Effekt, dass wir unseren empfehlenden Kunden dadurch äußerst vorteilhaft aussehen lassen) besonders wichtig. Denn wie gesagt: Neukunden, die aufgrund von Empfehlungen zu uns kommen, sind dramatisch wertvoller für uns. Da heißt es, sich ordentlich ins Zeug zu legen.

Erinnern

Wie lange merken Sie sich etwas, das man Ihnen einmal erzählt? In den meisten Fällen nicht so lang. Und so geht es auch Ihren Kunden, wenn Sie ihnen sagen, dass sie Sie bitte weiterempfehlen sollen.

Also müssen wir sie daran erinnern - höflich, freundlich, nicht zu penetrant aber dennoch laufend und konstant.

Dafür gibt es einige Möglichkeiten; manche direkt und manche eher indirekt.

Natürlich ist das Einfachste, nachzufragen, wenn Sie Ihre Kunden sehen. Das kann aber bald aufdringlich wirken und daher sollten Sie das nicht überstrapazieren. Aber einige Empfehlungskarten (die im besten Fall Gutscheine für neue Interessenten sind) zu überreichen, ist eine gute Möglichkeit, unaufdringlich, aber dennoch stetig an Empfehlungen zu erinnern („Darf ich Ihnen wieder zwei, drei Empfehlungskarten mitgeben? “).

Auch ein kleines Schild im Laden („Wir freuen uns immer, wenn uns zufriedene Kunden weiterempfehlen. Fragen Sie unsere Mitarbeiter nach dem Willkommens-Rabatt für Ihre Verwandten, Freunde und Bekannten“) ist durchaus nützlich und erinnert auf unaufdringliche Art und Weise Ihre Kunden ans Weiterempfehlen.

Und auch der bereits besprochene Kunden-Newsletter ist hier ein ideales Tool: Ein eigener Bereich, in dem neue, auf Empfehlung zu Ihnen gekommene Kunden begrüßt werden und wo den empfehlenden Kunden gedankt wird, ist großartig dazu geeignet, laufend und indirekt das Thema ins Bewusstsein Ihrer Kunden zu rufen.

Anerkennung zollen

Ein unglaublich wichtiger Teil eines jeden Empfehlungs-Systems ist es, den Empfehlenden - am besten coram publico - Anerkennung zu zollen und zu danken. Es sollte selbstverständlich sein, persönlich „Danke“ zu sagen, egal ob per Telefon oder mit einem persönlichen Schreiben. Achtung: Einem persönlichen Schreiben - versenden Sie nicht einfach nur eine vorgedruckte Karte, das kann im schlimmsten Fall sogar dazu führen, dass das die letzte Empfehlung dieses Kunden war (vor allem, wenn es sich um Transaktionen mit höherem Wert handelt). Wenn Ihnen eine Empfehlung einen

Kunden mit hohem Beziehungswert bringt, dann können (sollten) Sie dies auch entsprechend honorieren. Ein kleines Goodie, ein Gutschein oder Ähnliches sollten Sie auf jeden Fall andenken. Das kann bis zum Geschenkskorb oder einem Gutschein für ein elegantes Abendessen beim Nobel-Italiener etc. gehen.

Auch hier hat, wie bereits vorhin erwähnt, Ihr Kunden-Newsletter eine besondere Bedeutung. Wenn Sie sich publikumswirksam im Newsletter bei Ihren Empfehlern bedanken, dann hat das einen ganz besonderen Wert für die meisten Menschen. Und alleine der Umstand, seinen Namen im Newsletter lesen zu können, kann so manchen Kunden dazu bewegen, Sie häufiger (oder überhaupt) zu empfehlen. Ja, das Ego...

Eine Voraussetzung für ein erfolgreiches Empfehlungs-System ist aber, dass Sie überhaupt wissen, dass jemand aufgrund einer Empfehlung zu Ihnen kommt. Und nachdem nur ein kleiner Teil der Kunden üblicherweise erzählt, dass Herr Schneider oder Frau Schuster Sie weiterempfohlen hat, müssen wir jeden unserer Kunden fragen, wie er denn zu uns gekommen ist.

Das ist grundsätzlich wichtig, wenn wir zum Beispiel keine Response-Elemente wie Empfehlungskärtchen etc. in unserem Marketing bzw. unserer Werbung einsetzen (was eigentlich ja nicht sein sollte). Aber selbst, wenn wir Response-Elemente verwenden, kann es sein, dass der neue Kunde sie nicht nutzt und dennoch bei uns kauft. Daher: Fragen Sie jeden Interessenten, wie er zu Ihnen gefunden hat. Und wenn es aufgrund einer Empfehlung ist, dann überreichen Sie ihm auf jeden Fall sofort Ihr Willkommens-Goodie (siehe „Einfach gestalten") und im Anschluss, nach der Transaktion, bedanken Sie sich bei dem Empfehler.

Nun haben wir die drei wesentlichen Eckpfeiler des Unwiderstehlichen Marketing, nämlich die Interessenten-Identifikation, die Konvertierung dieser Interessenten zu Kunden und die Ausschöpfung des Potenzials unserer Kunden behandelt.

Sehen wir uns nun im letzten Teil dieses Buches an, wie Unwiderstehliches Marketing in der Praxis aussehen kann und soll.

Kapitel 5

UNWIDERSTEHLICHES MARKETING IN DER PRAXIS

„Direct-Response war meine erste Liebe, und danach meine Geheimwaffe.“

David Ogilvy
DIE Werbe-Legende des 20. Jahrhunderts

5. Unwiderstehliches Marketing – in der Praxis angewandt:

Hier haben wir eine reine Offline-Kampagne, die ich direkt aus dem Unwiderstehlichen Marketing System entnommen habe.

Es ist eine dreistufige Sequenz für eine Damenmoden-Boutique („Elle - Fashion For Her") und Sie können dieses Konzept mit wenigen Anpassungen auch für Ihr Unternehmen einsetzen.

Als Zielgruppe könnten zum Beispiel Frauen zwischen 30 und 50 Jahren, berufstätig, allein im Haushalt wohnend, mit einem Brutto-Einkommen ab 40.000,- Euro, im Umkreis von 20 km gewählt worden sein. Die Zielgruppe könnte aber auch gänzlich anders definiert werden - je nach der idealen Kundengruppe, die diese Damenmoden-Boutique ansprechen möchte.

Es kann in diesem Fall genauso ein Segment aus der Kundendatenbank gewählt werden, zum Beispiel alle Kundinnen, die in den vergangenen sechs Monaten einmal gekauft haben, danach aber nicht mehr in der Boutique waren. Wichtig ist auf jeden Fall, dass Sie Ihre Zielgruppe genau definieren.

Brief Nr. 1:
Das Wichtigste ist die Überschrift („Headline"). Sie hat entscheidenden Einfluss darauf, ob der Rest des Briefes (aber auch

Stilsicher und vor allem typgerecht gekleidet – das *Geheimnis* erfolgreicher Frauen.

Ein persönliches Schreiben von
Eduard Möllner-Schopf
Style-Director bei *Elle – Fashion For Her*

"Kleidung ist Ausdruck der Persönlichkeit"
Alessandro Michele, Kreativdirektor Gucci

Dienstag, 7. April 20XX

Sehr verehrte Frau Kastner,

Sie und ich - wir werden von allen anderen Menschen innerhalb der ersten sieben Sekunden aufgrund des ersten Eindrucks „abgestempelt". Und 50 % dieses ersten Eindrucks werden über unser äußeres Erscheinungsbild vermittelt – vorwiegend unsere Kleidung.

Egal, wie erfolgreich, klug oder fleißig Sie sind, vollkommen unabhängig von Ihrer Persönlichkeit – Ihre Kleidung trägt in erheblichem Ausmaß dazu bei, WIE Sie von Ihren Mitmenschen gesehen (und behandelt!) werden.

einer E-Mail, eines Flyers, eines Inserates) gelesen wird. Es gibt zahlreiche Vorlagen und Anleitungen zur Erstellung von griffigen, interessanten und ansprechenden Headlines. Im Unwiderstehlichen Marketing System finden Sie sogar einen eigenen, umfangreichen Ratgeber mit unzähligen Beispielen erfolgreicher, bewährter Headlines.

Zweitens enthält dieser Brief gleich zu Beginn ein Foto des Absenders – dieses Element ist essenziell, denn damit wird aus einem typischen Firmenwerbeschreiben eine persönliche Kommunikation. Eine Botschaft von einem Menschen an einen anderen.

Neben dem Foto steht zusätzlich: „Ein persönliches Schreiben von Eduard Möllner-Schopf, Style-Director bei Elle – Fashion For Her".

Das Ziel ist es, eine Beziehung zwischen Ihnen und dem Empfänger des Briefes aufzubauen.

Danach wird sofort ein Problem beschrieben. Ein Problem, das typischerweise Ihre Zielgruppe betrifft und das nach einer Lösung verlangt.

„Sie und ich - wir werden von allen anderen Menschen innerhalb der ersten sieben Sekunden aufgrund des ersten Eindrucks „abgestempelt". Und 50 % dieses ersten Eindrucks werden über unser äußeres Erscheinungsbild vermittelt - vorwiegend unsere Kleidung.

Egal, wie erfolgreich, klug oder fleißig Sie sind, vollkommen unabhängig von Ihrer Persönlichkeit - Ihre Kleidung trägt in erheblichem Ausmaß dazu bei, WIE Sie von Ihren Mitmenschen gesehen (und behandelt!) werden."

Es gibt verschiedene Konzepte und Ansätze, wie Werbetexte effektiv aufgebaut werden. Die bekannteste Formel ist wohl AIDA (Attention-Interest-Desire-Action; zu Deutsch: Aufmerksamkeit-Interesse-Verlangen-Handlung).

Eine andere, sehr erfolgreiche und oftmals eingesetzte ist: PDL - Problem-Dramatisierung-Lösung.

Hier wird zu Beginn das Problem angesprochen und in der weiteren Folge dramatisiert, also die möglichen negativen Konsequenzen (die der Empfänger tunlichst vermeiden möchte) in aller Deutlichkeit und im Detail dargelegt.

„Einfach nur die neueste, stylische und hochwertige Mode zu tragen ist nicht genug - IM GEGENTEIL. Viel wichtiger als den neuesten Trends zu folgen, ist es, die aktuelle Mode abgestimmt auf den persönlichen Typ zu wählen. Nicht jeder Schnitt eignet sich für jede Größe oder jeden Körperbau optimal. Nicht jede Farbe oder Farbschattierung eignet sich für jeden Teint, jede Haarfarbe und sogar Augenfarbe.

Mit der Wahl des falschen Schnittes, einer ungünstigen Farbschattierung oder eines unpassenden Musters können wir mehr Schaden anrichten, als uns bewusst ist!“

Danach wird die Lösung (möglichst als einzig sinnvolle Möglichkeit) vorgestellt und dem Leser ein spezifisches, für ihn vorteilhaftes und attraktives Angebot gemacht.

„Doch ich kann Ihnen eine einfache und KOSTENLOSE Lösung anbieten: Anlässlich der Vorstellung der neuen Sommerkollektion 20XX habe ich ein großartiges Angebot für Sie:

Bis 30. April 20XX biete ich den ersten 50 Damen, die sich bei mir melden, eine STIL- UND TYPBERATUNG im Wert von € 150,- GRATIS und UNVERBINDLICH an.

Bei einem Glas Prosecco (oder auch zwei) werden wir jene Schnitte, Farben und Farbnuancen, Muster und auch Stile entdecken, die optimal zu Ihnen passen und die Sie im allerbesten Licht präsentieren!“

Zu einem gut ausgearbeiteten Angebot gehört auch immer eine Deadline (hier: 30. April) und/oder ein sonstiger Grund, am besten sofort – und nicht „irgendwann“ – zu antworten. In diesem Fall ist es eine begrenzte Anzahl von verfügbaren Beratungen.

Brief Nr. 2:
Gut, der Empfänger (in diesem Fall die Empfängerin) hat nicht reagiert und nicht auf unser erstes Schreiben geantwortet.

Das ist der Punkt, an dem die meisten Unternehmer bereits aufgeben (und dann behaupten, dass Direktmarketing und Mailings nicht funktionieren...).

„Meine Freundinnen lachten, als sie hörten, dass ich eine Stil- und Typberatung buchen werde.
Aber als sie mich das nächste Mal sahen...“

Zur Erinnerung!
Von Eduard Möllner-Schopf
Style-Director bei *Elle – Fashion For Her*

Dienstag, 14. April 20XX

Sehr verehrte Frau Kastner,

Kennen Sie auch Frauen, die zwar Wert auf modische, qualitativ hochwertige Kleidung legen, an denen sie aber dennoch irgendwie **merkwürdig, aufgesetzt, einfach „falsch“** wirkt?

Wenn Sie das Unwiderstehliche Marketing System anwenden, geht es hier aber erst so richtig los – Brief Nr. 2 wird an alle, die nicht geantwortet haben, versandt. Sie können ihn nach einer Woche, nach 10 oder 14 Tagen versenden. Mehr Zeit sollten Sie nicht verstreichen lassen.

Auch hier finden Sie wieder eine Headline, ein Foto und eine Problembeschreibung – diesmal ist sie aus einem anderen Blickwinkel dargestellt und auch etwas emotionaler gehalten.

Die Überschrift „Meine Freundinnen lachten, als sie hörten, dass ich eine Stil- und Typberatung buchen werde. Aber als sie mich das nächste Mal sahen..." ist übrigens einer der erfolgreichsten Headlines in einem Direct-Response-Inserat (von John Caples aus dem Jahr 1926) nachempfunden.

Nach der Problembeschreibung „Kennen Sie auch Frauen, die zwar Wert auf modische, qualitativ hochwertige Kleidung legen, an denen sie aber dennoch irgendwie merkwürdig, aufgesetzt, einfach „falsch" wirkt?

Das liegt zumeist daran, dass diese Frauen ihre Kleider, Hosenanzüge, Blusen etc. nicht danach aussuchen, ob sie überhaupt zu ihrem Typus, ihrem persönlichen Stil passen. Sie wählen einen unglücklichen Schnitt für ihre Größe oder Silhouette, sie wählen die falschen Farbschattierungen angesichts ihres Teints, ihrer Haarfarbe bzw. ihrer Augenfarbe. Sie wählen die falschen Muster für ihren Typus..."

kommt ein Absatz mit dem Aufzeigen der wünschenswerten, begehrten Alternativsituation:

„Und dann gibt es noch <u>die anderen Frauen</u> - an ihnen wirkt Mode atemberaubend und betörend. Sie überzeugen sowohl im Beruf als auch bei privaten Anlässen mit Klasse, Stil und Chic. Sie haben dieses „gewisse Etwas" und bekommen die bewundernden und anerkennenden Blicke Ihrer Mitmenschen (nicht nur von den Männern!)."

Dies ist ebenfalls eine bewährte, erfolgreiche Methode bei der Erstellung von Werbetexten - ein Bild im Kopf des Lesers zu erzeugen, wie es aussehen kann, wenn er das Problem gelöst hat.

Und danach kommt wieder Ihr Angebot, mit Deadline und einem Grund, möglichst rasch zu antworten.

Im „Unwiderstehlichen Marketing“ System finden Sie für den 2. Brief unter anderem auch zwei weitere erprobte Möglichkeiten, die Sie wirksam für den zweiten Schritt einsetzen können: 3D-Mailings (mit einem kleinen Objekt als Beilage) oder die grafische Überarbeitung/Ergänzung des ersten Schreibens (so können Sie in 5 Minuten aus dem 1. Brief den Folgebrief gestalten).

Brief Nr. 3:
Wenn der Empfänger noch immer nicht geantwortet hat, bekommt er - wieder im Abstand von 7 bis 14 Tagen - das dritte Schreiben.

Kostenlose Stil- und Typberatung – nur noch 6 Plätze übrig!
Ich warte auf IHREN Anruf!

Eduard Möllner-Schopf
Style-Director bei *Elle – Fashion For Her*

Dienstag, 21. April 20XX

Sehr verehrte Frau Kastner,

bereits 44 Damen haben mein Angebot für eine kostenlose Stil- und Typberatung genutzt, viele Termine sind bereits durchgeführt und das Feedback ist überwältigend!

Ich habe noch nichts von IHNEN gehört, meine letzten beiden Schreiben blieben leider unbeantwortet.

Falls Sie sie übersehen haben, habe ich sie diesem Brief nochmals beigelegt.

Auch hier wieder eine Headline, diesmal schon etwas direkter: „Kostenlose Stil- und Typberatung – nur noch 6 Plätze übrig! Ich warte auf IHREN Anruf!"

Keine Angst, dass Sie Ihre potenziellen Kunden vergraulen könnten. Bisher haben sie nicht reagiert – was haben Sie also zu verlieren? Diese Form der direkten Aufforderung ist in der Praxis bestens bewährt.

Dazu kommt wieder ein Foto und diesmal (auch eine erfolgreiche Methode) nehmen Sie Bezug auf die vielen anderen Personen, die bereits Ihr Angebot angenommen haben und nun begeistert sind.

„Bereits 44 Damen haben mein Angebot für eine kostenlose Stil- und Typberatung genutzt, viele Termine sind bereits durchgeführt und das Feedback ist überwältigend!"

Wenn Sie hier noch Zitate zufriedener Kunden einfügen (sog. „Testimonials"), dann verstärkt das die Wirkung nochmals enorm.

Und in diesem Fall wiederholen Sie Ihr Angebot nochmals kurz und legen die beiden vorhergehenden Schreiben bei. Alternativ können Sie natürlich auch einen 3. Brief ähnlich den ersten beiden verfassen – die Möglichkeiten sind hier vielfältig.

Das ist ein Beispiel, wie Sie Ihre ideale Zielgruppe für eine Marketing-Aktion ins Visier nehmen und direkt, mit möglichst geringen (teuren) Streuverlusten punktgenau ansprechen können.

Und 3 Schritte sind, wie bereits ausgeführt, nur das Minimum - meine Klienten führen oftmals Kampagnen mit fünf, acht oder mehr Schritten durch.

Sie können auch noch Postkarten und Ähnliches in die Sequenz mitaufnehmen - drei Briefe sind aber die Untergrenze.

Bei Personen, deren Einwilligung Sie schon aus früheren Kontakten haben, können Sie auch erfolgreich E-Mails in die Kampagne einbauen. Entweder als selbständige Botschaft oder als Ankündigung, dass in den nächsten Tagen ein Brief von Ihnen mit einem großartigen Angebot in der Post sein wird (Letzteres ist ein unglaublich effektives Mittel, um die Leserschaft Ihrer Briefe zu steigern!).

Mehrstufige Sequenzen können in der Praxis durchaus bis zu 18 % Response erzielen - nicht auf ein einzelnes Schreiben, aber in Summe über die ganze Kampagne.

Und die besten Resultate erzielen Sie, wie schon erwähnt, wenn Sie online und offline miteinander in einer Kampagne kombinieren.

Unwiderstehliches Marketing und die Kombination von Online- und Offline-Medien

Zunächst nochmals ein kurzer Überblick über den gesamten Ablauf einer kombinierten online/offline Kampagne. Als Beispiel verwende ich wieder eine Vorlage aus dem Unwiderstehlichen Marketing System.

Der Prozess sieht oftmals wie folgt aus:

1. Anzeige zur Interessenten-Identifikation (I2)
Unter Anzeige können wir hier diverse Möglichkeiten zusammen-fassen: E-Mails, Mailings (Brief oder Postkarte), Facebook Ads, Google Ads, Radio- und TV-Spots oder Inserate in Printmedien.

2. Verweis auf Website
Diese Anzeige zur Interessenten-Identifikation (I2) führt interessierte Leser zu einer Website, um mehr/nähere Informationen zu erhalten.

Diese Informationen werden den Interessenten dann (in der Regel kostenlos) in Form eines Reports, eines Ratgebers, eines Weißbuchs, einer CD, DVD, oder einer Kombination aus mehreren dieser Elemente angeboten. Auf jeden Fall muss dieses Angebot auch tatsächlich einen Wert für die Interessenten darstellen. Genau darum ist es auch so wichtig, Ihre ideale Zielgruppe nicht nur mittels geografischer und demografischer, sondern vor allem auch mittels psychografischer Merkmale einzugrenzen. So können Sie viel einfacher und gezielter Informationen von Wert zur Verfügung stellen.

Auf der Website gibt Ihnen dann ein Interessent seine Kontaktdaten (wenn möglich auch die Postadresse), um die Information zu erhalten. Wenn Sie den Report, das Weißbuch etc. per Post versenden, dann macht das Abfragen der Postadresse Sinn und Sie können die Effektivität all Ihrer Maßnahmen in der Nachbearbeitung deutlich steigern, wenn Sie nicht nur E-Mails, sondern auch Mailings und Postkarten etc. einsetzen.

3. Nachbearbeitung mittels Direktmarketing
Hier erfolgt nun die Kommunikation wie in den vorhin beschriebenen, mehrstufigen Direktmarketing-Kampagnen, um einen Interessenten in einen Käufer zu verwandeln.

Soweit der Überblick über den grundlegenden Prozess. Gehen wir nun ins Detail und sehen uns konkret ein solches Beispiel an.

Unwiderstehliches Marketing – online und offline zur I2 angewandt:

Hier nun ein Beispiel aus dem Unwiderstehlichen Marketing System für einen unabhängigen Versicherungsmakler (das Layout der Landingpage ist ganz einfach gehalten und wird auf Ihrer Website sicherlich optisch ausgefeilt von einem Grafiker gestaltet werden).

Alle zuvor behandelten Prinzipien haben wir auch hier angewandt.

Es gibt wieder eine Headline, ein Angebot (diesmal einen Ratgeber und eine CD), ein Foto. Ziel dieser Anzeige ist, dass Interessenten entweder über eine Website oder über eine gebührenfreie Tonbandinfo ihre Kontaktdaten hinterlassen, um unseren I2-Magneten anzufordern.

„Zahlen auch Sie unnötig hohe Versicherungsprämien?
Mein **KOSTENLOSER Ratgeber** zeigt Ihnen, wie Sie Ihre Prämien für Lebens-, KFZ-, Unfall- oder Krankenversicherung um **bis zu 42 % reduzieren** können!“

Der Ratgeber, von dem Ihre Versicherung nicht möchte, dass Sie ihn lesen...

BONUS: Holen Sie sich auch GRATIS meine CD **„7 einfache Schritte, wie Sie in 5 Minuten jedes Versicherungsangebot auf Fallstricke hin prüfen können.“**

Peter Klaus Felder, Versicherungs-Experte und Autor von „Die Fallen im Versicherungs-dschungel“ hat bereits unzähligen Konsumenten dabei geholfen, bei Ihren Versicherungsprämien bis zu 42 % im Jahr zu sparen. Hunderte, ja Tausende Euro werden pro Haushalt unnötig aus dem Fenster geworfen! Jetzt können auch SIE sich die Insider-Informationen direkt von Peter Felder holen.

Damit auch Sie **nie wieder überhöhte Prämien** zahlen, zu geringe Deckungssummen haben oder „heimlich“ schwerwiegende Risiken in Ihren Versicherungsverträgen ausgeschlossen werden.

Um Ihren **Ratgeber und die CD GRATIS und UNVERBINDLICH anzufordern** (in Summe ein Wert von 47,- Euro!) rufen Sie rund um die Uhr einfach die **kostenlose Tonband-Info unter 0800/XXX XX XXX** oder besuchen Sie **www.xxxxxx-xxxxx.de**.

<u>Tipp:</u> Tonbandinfos sind zumeist besser als ein persönliches Telefonat als Erstkontakt, da die Menschen befürchten, gleich an einen Verkäufer zu geraten. Gebührenfreie Tonbandinfos sind definitiv etwas, das Sie als zusätzliche Alternative zu Ihrer Website testen sollten. Vor allem, wenn Ihre ideale Zielgruppe aus älteren Menschen besteht, können Sie damit sehr gute Resultate erzielen.

Ganz wichtig: Wenn Ihre Interessenten nun zur Tonbandinfo oder zur Website gelangen, müssen sie sofort eine Bestätigung erhalten, dass sie „hier“ richtig sind. Dies ist generell bei Angeboten, die auf ein anderes Medium verweisen, wichtig - egal ob Sie eine Postkarte, eine Facebook Ad oder andere Medien verwenden.

Bei der Tonbandinfo können Sie eine Begrüßung verwenden wie „Vielen Dank, dass Sie anrufen, um wie in der Anzeige in der Zeitschrift ABCD angeboten, kostenlos und unverbindlich den Ratgeber „XXXX“ und die CD „XXXX“ anzufordern...“

Auf der Website (Ihrer Landingpage) sollten Sie die wichtigsten grafischen Elemente der Anzeige wiederholen.

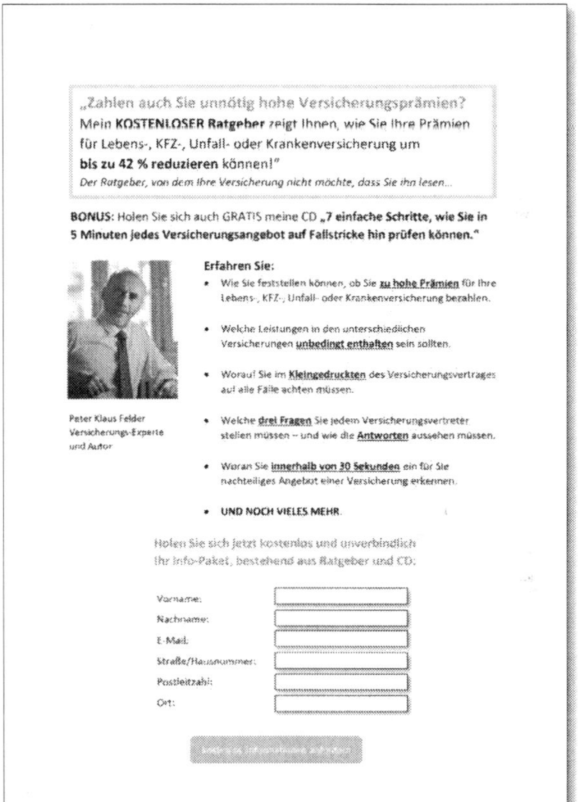

„Zahlen auch Sie unnötig hohe Versicherungsprämien?
Mein **KOSTENLOSER Ratgeber** zeigt Ihnen, wie Sie Ihre Prämien für Lebens-, KFZ-, Unfall- oder Krankenversicherung um **bis zu 42 % reduzieren** können!“
Der Ratgeber, von dem Ihre Versicherung nicht möchte, dass Sie ihn lesen...

BONUS: Holen Sie sich auch GRATIS meine CD **„7 einfache Schritte, wie Sie in 5 Minuten jedes Versicherungsangebot auf Fallstricke hin prüfen können.“**

Peter Klaus Felder
Versicherungs-Experte
und Autor

Erfahren Sie:

- Wie Sie feststellen können, ob Sie **zu hohe Prämien** für Ihre Lebens-, KFZ-, Unfall- oder Krankenversicherung bezahlen.
- Welche Leistungen in den unterschiedlichen Versicherungen **unbedingt enthalten** sein sollten.
- Worauf Sie im **Kleingedruckten** des Versicherungsvertrages auf alle Fälle achten müssen.
- Welche **drei Fragen** Sie jedem Versicherungsvertreter stellen müssen – und wie die **Antworten** aussehen müssen.
- Woran Sie **innerhalb von 30 Sekunden** ein für Sie nachteiliges Angebot einer Versicherung erkennen.
- **UND NOCH VIELES MEHR.**

Holen Sie sich jetzt kostenlos und unverbindlich Ihr Info-Paket, bestehend aus Ratgeber und CD:

Vorname:
Nachname:
E-Mail:
Straße/Hausnummer:
Postleitzahl:
Ort:

Die Headline „Zahlen auch Sie unnötig...“ mit der Sub-Headline „Bonus: Holen Sie sich auch GRATIS...“ werden nochmals exakt wie im Inserat angeführt.

Das Foto ist ebenfalls das gleiche. Zusätzlich haben wir auf der Website einige Informationen aufgezählt, die unsere Interessenten in unserem Ratgeber und unserer CD finden werden. Diese Aufzählungspunkte sollen nochmals den Wert unserer Informationen verdeutlichen und zusätzlich neugierig machen.

Und danach die Aufforderung, jetzt kostenlos und unverbindlich den Ratgeber mitsamt der CD anzufordern.

Und wir fragen dazu nicht nur nach Namen und E-Mail-Adresse, sondern auch nach der Postadresse, da wir den Ratgeber und die CD ja per Post versenden. Wenn Sie Ihren I2-Magneten nur online versenden, dann reicht natürlich die E-Mail-Adresse – fragen Sie immer nur so viele Informationen ab, wie Sie tatsächlich benötigen.

Tipp: Je mehr ein Interessent preisgeben soll, umso geringer wird die Anzahl jener Personen sein, die tatsächlich auch Ihren I2-Magneten anfordern.

Ein erprobter und bewährter Weg, um möglichst umfangreiche Kontaktinformationen zu bekommen und dennoch nicht zu viele Interessenten zu vergraulen, ist folgender:

Interessenten kommen auf Ihre Website und sie geben nur Name und E-Mail-Adresse an, um einen Download-Link oder ein pdf-Dokument zugesandt zu bekommen (in unserem aktuellen Beispiel wäre das der Ratgeber).

Nach dem Klicken des „Anfordern"-Buttons werden die Interessenten automatisch auf die nächste Seite weitergeleitet, wo Sie ihnen ein zusätzliches Angebot unterbreiten – in diesem Fall wäre das die CD. Dafür benötigen Sie jedoch die

Postadresse. Ein Interessent, der Ihnen zu diesem Zeitpunkt diese Information noch nicht geben möchte, hat aber bereits zumindest Name und E-Mail-Adresse bekannt gegeben, also haben Sie auf jeden Fall schon diese Kontaktinformationen für die Nachbearbeitung.

Auf diese Weise können Sie zumeist mehr Anfragen generieren, als wenn Sie sofort nach allen Kontaktinformationen fragen.

Am Ende kommen Ihre Interessenten auf jeden Fall noch auf eine Bestätigungsseite mit dem Hinweis, dass sie die angeforderten Informationen in den nächsten Tagen per Post zugesandt bekommen. Am besten, Sie versenden Ihre Informationen in einem ungewöhnlich aussehenden Kuvert (es reicht, wenn es farbig anstatt weiß ist) und weisen Ihre Interessenten gleich darauf hin: „Achten Sie in den kommenden Tagen auf ein grasgrünes Kuvert in Ihrer Post. Darin finden Sie Ihren angeforderten Ratgeber und die CD."

Zusammenfassung: Der Prozess im Überblick

Sehen wir uns nochmals das online/offline Konzept des Unwiderstehlichen Marketings an:

Im ersten Schritt wird eine Anzeige zur I2 geschalten, egal ob in Printmedien, auf Facebook, als Postkarte etc. Diese Anzeige bewirbt ein Angebot (Ihren I2-Magneten), das die Interessenten auf eine Website führt.

Im zweiten Schritt wird auf dieser Website das Angebot wiederholt und zur Anforderung werden die Kontaktdaten der Interessenten abgefragt.

Im dritten Schritt gelangen die Interessenten auf eine Bestätigungsseite, die einen Hinweis auf die Versanddauer und das Aussehen der zu erwartenden Sendung (Kuvert, Päckchen...) enthält.

Im vierten Schritt wird per E-Mail und per Post nachgefasst.

Wichtig ist auf jeden Fall das wiederholte Nachfassen, und dass Sie diesen Prozess nicht nur einmal, sondern immer und immer wieder einsetzen. Wiederholung ist der Schlüssel zum Erfolg. Wiederholung ist der Schlüssel zum Erfolg. Wiederholung ist der Schlüssel zum Erfolg.

Dann haben Sie ein System im Hintergrund laufen, das Ihnen rund um die Uhr, 7 Tage die Woche mit nur minimalem Aufwand kontinuierlich Ergebnisse bringt.

Kapitel 6

NUN LIEGT ES AN IHNEN

„Movement beats Meditation."

Gary Halbert
Marketing-Legende

6. Nun liegt es an Ihnen

Herzlichen Glückwunsch!

Sie haben nun das notwendige Wissen, um Unwiderstehliches Marketing auch in Ihrem Unternehmen, für Ihre Zwecke einzusetzen.

Sie kennen nun die häufigsten Irrtümer und Fehler bezüglich Marketing und Werbung, die Unternehmern, Selbständigen und Freiberuflern unterlaufen und die auch für Sie Stolpersteine auf dem Weg zum Erfolg darstellen können.

Sie wissen jetzt über die Grundlagen von Unwiderstehlichem Marketing Bescheid und kennen die vier Eckpfeiler für Ihren Marketing-Erfolg: Zielgruppe, Marketingbotschaft, Medienkanäle und Gestaltung.

Außerdem kennen Sie nun die „Glorreichen 7“ und haben erfahren, wie wichtig ein Marketing SYSTEM für Ihr Unternehmen ist, um Interessenten zu identifizieren, sie zu Kunden zu konvertieren und danach bei eben diesen Kunden das maximale Potenzial während der gesamten Kundenbeziehung zu heben.

Ihnen ist nun auch bewusst, dass Sie neben der Neukundengewinnung sehr viel Profit aus Ihren Bestandskunden generieren können, indem Sie an den Schrauben Profit pro Transaktion, Frequenz der Transaktionen pro Jahr und Verlängerung der Kundenbeziehung drehen (und dass Sie unbedingt eine Interessenten- und Kundendatenbank benötigen).

Und Sie haben anhand von zwei Beispielen gesehen, wie Unwiderstehliches Marketing in der Praxis aussehen kann – online und offline.

Wie gesagt – diese Prinzipien und Methoden haben ihre Effektivität bereits in aller Welt, in allen erdenklichen Branchen immer und immer wieder bewiesen.

Nun liegt es an Ihnen, ob das Lesen dieses Buches einfach ein intellektueller Stimulus und ein netter Zeitvertreib war oder aber der erste Schritt zu mehr Kunden, mehr Umsatz und mehr Gewinn.

Erfolg buchstabiert man T-U-N. Nicht „Wissen ist Macht", sondern ANGEWANDTES Wissen!

Natürlich gibt es noch mehr zu wissen und zu erfahren, aber ich habe die Grundlagen, die Sie für Ihren Erfolg benötigen und die Sie auch tatsächlich ab sofort umsetzen können, in diesem Buch zusammengefasst. Wirklich alle Aspekte zu behandeln wäre der absolute Overkill – außerdem gibt es laufend neue Erkenntnisse im Bereich des Direktmarketing, des Direct-Response-Marketing und des Marketing im Allgemeinen, sodass es niemals ein umfassendes, endgültiges Kompendium zu diesen Themen geben kann.

Aber alles, was Sie für einen erfolgreichen Start wissen müssen, finden Sie in diesem Buch. Und ich möchte Ihnen ans Herz legen, es immer wieder zu Rate zu ziehen und nicht nach Beenden der Lektüre im Bücherregal verstauben zu lassen.

Sollten Sie auf den Geschmack gekommen sein und mehr Informationen wollen (vor allem auch auf dem neuesten Stand bleiben wollen), dann kann ich Ihnen eine Mitgliedschaft im

Insider Netzwerk - meiner Community für mehr Erfolg im Business - nur ans Herz legen.

Ohne Risiko und ohne Bindung können Sie im Rahmen des Insider Netzwerks mehr zu den Themen Marketing, Werbung, Zeitmanagement, mentale Stärke und Selbstdisziplin etc. erfahren. Außerdem biete ich für die Mitglieder des Insider Netzwerks auch begleitendes Coaching bei Bedarf an.

Holen Sie sich **unverbindlich eine 2-monatige GOLD-Mitgliedschaft zum Schnuppern, Testen und Kennenlernen** - Sie haben nichts zu verlieren und tragen kein Risiko.

Nähere Informationen finden Sie auf www.christopherlaub.com/gold-mitgliedschaft/

Ich wünsche Ihnen aus ganzem Herzen alles Gute und viel Erfolg mit Ihrem Unternehmen.

Ihr Christopher Laub

P.S.: Vergessen Sie nicht, sich die kostenlosen zusätzlichen Materialien zur Unterstützung anzufordern *(siehe nächste Seite)* !

Kostenlose Ressourcen für Sie:

Auf **www.unwiderstehlichesmarketing.com/vip** können Sie kostenlos zusätzliche Materialien anfordern, die Ihnen helfen werden, die Ratschläge und Tipps in diesem Buch leichter und schneller umzusetzen:

- Eine genaue Anleitung, wie Sie Ihren USP finden, entwickeln und verfeinern können.
- Ideen zur Gestaltung Ihres I2-Magneten
- Eine Checkliste mit Anregungen, wie Sie in kontinuierlichem Kontakt mit Ihrer Zielgruppe und Ihren Kunden bleiben können.
- Tipps und Beispiele für Ihren Kundennewsletter.

Buchempfehlungen:

Jay Abraham:
Getting Everything You Can Out of All You've Got, St. Martin's Griffin
The Sticking Point Solution, Vanguard Press

Richard V. Benson:
Secrets of Successful Direct Mail, unbekannter Verlag

Russell Brunson:
DotCom Secrets, Morgan James Publishing
Traffic Secrets, Hay House Business

Robert Collier:
The Robert Collier Letter Book, McGraw-Hill

Bill Glazer:
Outrageous Advertising, Morgan James Publishing
Outrageous Multi-Step Marketing Campaigns, BrightFlame Books

Gordon W. Grossman:
Confessions of a Direct Mail Guy, Bottom Line Books

Gary Halbert:
The Boron Letters, CreateSpace Independent Publishing

Claude Hopkins:
Scientific Advertising, div. Verlage

Dan Kennedy:
No B.S. Direct Marketing, Entrepreneur Press
Magnetic Marketing, Forbes Books

Ted Nicholas:
Billion Dollar Marketing Secrets, Nicholas Direct, Inc
Magic Words That Bring You Riches, Nicholas Direct, Inc

David Ogilvy:
Ogilvy On Advertising, 1st Vintage Books
Confessions of an Advertising Man, Atheneum

Victor Schwab:
How to Write a Good Advertisement, Echo Point Books & Media

Printed in Poland
by Amazon Fulfillment
Poland Sp. z o.o., Wrocław

58221221R00107